챔피언의 마인드
: 결정적 순간에 차이를 만드는 힘

THE
CHAMPION'S

챔피언의 마인드

결정적 순간에 차이를 만드는 힘

MIND

자신과의 싸움에서 무조건 이기는 멘탈 트레이닝

———— 짐 아프레모 지음 | 홍유숙 옮김 ————

갤리온
GALLEON

이 책에
쏟아진 찬사

『챔피언의 마인드』를 읽다 보면 전혀 다른 차원으로 한 단계 올라설 수 있다.

— 토니 워맥(야구 선수)

누구나 운동선수의 면모를 조금씩 갖고 있다. 우리는 달리고, 점프하고, 수영하고, 어떤 형식으로든 경쟁한다. 올림픽 금메달은 수련, 헌신, 파워, 근력, 피트니스, 열정, 정확도, 참을성, 속도, 기술 등 모든 것을 보상해주는 최상의 영광이다. 짐 아프레모의 전략을 따르면 인생 어느 분야에서도 금메달을 딸 수 있다. 원하는 것이 무엇인지 결정하고 모든 것을 걸어라. 매일 꾸준하게 이를 실천하라. 최선을 다해 매일 훈련하는 것이 비결이다. 당신은 오늘 어떤 성공을 거둘 것인가?

— 내털리 쿡(올림픽 비치발리볼 금메달리스트)

금메달을 따낸 운동선수가 단상 위에 올라 마시는 공기는 얼마나 달콤한가!『챔피언의 마인드』는 뛰어난 성과를 거두고자 하는 이에게 명료하고 직설적인 해결책을 제시해준다.

– 모르텐 안데르센(미식축구 선수)

마음이란 강력한 존재다. 자신감에 차 있고 마음이 준비되어야 결정적인 순간에 놀라운 성적이 나온다.『챔피언의 마인드』는 경기장 안팎에서 잠재력을 발휘할 수 있도록 도와준다.

– 트래비스 벅(야구 선수)

『챔피언의 마인드』는 결정적 순간에 뛰어난 성적을 거두기 위해 올림픽 챔피언들이 사용하는 내면의 기술과 전략을 알려준다. 짐 아프레모 박사의 책은 필적할 만한 책을 찾기 어려울 정도로 뛰어나며, 운동선수와 코치라면 반드시 읽어야 한다.

– 섀넌 밀러(올림픽 체조 금메달리스트)

감탄사를 연발하며 이 책을 읽었다. 새로운 세계에 눈을 뜬 느낌이다. 이 책에 나오는 충고와 팁은 간결하고 이해하기 쉽다. 한 번에 한 장씩 읽고, 이를 인생에 적용해보길 바란다.

– 닉 볼리티에리(IMG 테니스 아카데미 창립자)

『챔피언의 마인드』는 스포츠 기량을 최대한 발현할 수 있도록 도와주는 정신 훈련에 관한 책이다. 모든 운동선수와 코치에게 이 책을 강하게 추천하고 싶다.

- 재키 슬레이터(미식축구 선수)

『챔피언의 마인드』는 '어떻게 성공할 것인가'라는 질문에 대한 유용한 교훈, 충고, 관점이 잔뜩 들어 있다. 이 책으로 이득을 보는 사람은 운동선수나 코치만이 아니다. 당신의 목적이 무엇이건, 어떤 분야에 있건 모두 적용할 수 있다. 나는 이 책에서 다룬 전략을 온몸으로 실행하며 인생을 살아왔고, 이를 더 많이 활용했다면 더 나은 인생을 살았을 것이라고 생각한다. 가장 뛰어난 자신이 되기에 늦은 때란 없는 법이다.

- 댄 잰슨(올림픽 스피드 스케이팅 금메달리스트)

우수한 스타와 나머지를 구분하는 것은 바로 두뇌다. 짐 아프레모는 이를 『챔피언의 마인드』에서 명쾌하게 다룬다. 나이가 몇 살이건, 어느 스포츠 분야에서 어느 수준에 있건, 모든 운동선수와 코치에게 더할 나위 없는 책이다.

- 숀 그린(야구 선수)

짐 아프레모 박사는 기본을 상세히 다룬다. 챔피언이 우승을 위해 어떤 마음가짐으로 훈련하는지 들여다볼 기회를 제공해준다.

정신력 훈련의 비밀을 알고 싶은 운동선수라면 『챔피언의 마인드』를 반드시 읽어야 한다.

우리는 타인에게서 무엇인가를 배울 수 있다. 『챔피언의 마인드』는 매일매일을 살아가며 승리자가 되는 방법에 대해 풍부한 통찰력을 보여준다.

운동선수가 매일 어떤 일을 겪고 있는지 짐 아프레모 박사가 정확히 집어낸 것을 보면 놀라울 뿐이다. 그가 묘사한 상황은 나도 직접 경험한 적이 있다. 이 책으로 간단하지만 유용한 팁과 원칙을 찾을 수 있고, 이를 통해 더 나은 성적을 거둘 수 있다.

신체를 훈련하는 것과 마찬가지로 마음을 훈련하는 방법을 알면 새로운 수준의 성과를 만들어낼 수 있다. 준비, 재활에서 경쟁까지『챔피언의 마인드』는 운동선수의 자질을 온전하게 끄집어내는 데 필요한 정신적 가이드를 제공한다. 또한 정신력을 강화해주며, 더 뛰어난 운동선수, 더 뛰어난 팀원, 혹은 더 뛰어난 인간이 되도록 분명하게 방향을 알려준다.

– 커트 토마세비츠(올림픽 봅슬레이 금메달리스트)

세상에서 가장 뛰어난 사람이 되려면 어떻게 해야 할까?『챔피언의 마인드』에서 짐은 올림픽 금메달리스트의 온갖 이야기를 곁들여 누구나 쉽게 접근할 수 있는 정신 강화 훈련법을 소개한다. 장담컨대 이 책에서 발견한 것들을 잘 활용하면 훈련 수준이 높아지고 큰 영감을 받을 것이다. 이 책을 써준 짐에게 감사할 따름이다.

– 애덤 크릭(올림픽 조정 금메달리스트)

짐 아프레모 박사는『챔피언의 마인드』를 통해 그랜드 슬램을 달성한 셈이다. 운동선수라면 응당 로커나 운동 가방에 이 책을 넣고 다녀야 한다.

– 레아 오브라이언-아미코(올림픽 소프트볼 금메달리스트)

『챔피언의 마인드』를 읽으면 올림픽 챔피언 자리를 거머쥐기까지 나의 다양한 경험, 매너리즘, 생각을 떠올리게 된다. 이 책을 통해 얻은 지혜는 지금 내가 지도하는 선수에게 전해진다. 자신의 길을 선택하고 그 길을 따라가라. 선택할 만한 가치가 있는 길이라면 고난도 있고 내리막길도 있다. 하지만 이 책을 읽는다면, 아이디어를 얻고 앞으로 나아가는 데 도움을 얻게 된다.

– 닉 하이송(올림픽 장대높이뛰기 금메달리스트)

미식축구 선수 영입을 위해 진행하는 각종 테스트를 받을 때 이 책의 훈련 방법과 팁을 유용하게 사용했다. 짐 아프레모 박사는 운동선수와 코치가 최대한 잠재력을 이끌어내는 간단하지만 강력하며 효율적인 전략을 제시해준다.

– 마크 버스트겐(애슬리트 퍼포먼스 창립자)

결정적 순간에
최고의 결과를 만드는 힘

시상대 제일 높은 곳에 당당히 서고 싶다면 어떤 마음을 먹는지가 중요하다. 이런 사실을 오래전부터 알고 있었기에 짐의 책을 흥미진진하게 읽었다. 『챔피언의 마인드』는 많은 생각을 이끌어내고, 쉽게 접근할 수 있으며, 사람을 푹 빠져들게 만든다. 내용이 명료하고 직설적이어서 운동선수라면 짐의 제안을 곧바로 실행에 옮길 수 있다.

짐 아프레모는 전문가다운 충고와 함께 충분히 입증된 정신 훈련 테크닉을 소개해준다. 그는 뛰어난 스승이다. 어떤 게임을 하건 당신도 챔피언이 될 수 있는 비결을 알려주고, 결정적인 순간에 최고의 결과를 가져오는 요령을 알려준다.

나의 십대 아들과 딸은 스포츠를 한다. 아이들이 운동을 즐기면서 할 수 있도록 고안한 놀이가 있다. 동기부여에 효과가 있는 격언이나 팁을 종이에 적어 항아리에 한가득 담아둔다. 운동선수로 살아가며 마음에 와닿았던 메시지를 하나둘씩 모은 것들이다. 아이들은 하루에 한 개씩 종이를 꺼내 읽어보고 마음에 들면 가족들과 공유하고 그것에 대해 함께 이야기한다.

지금 당신의 손에 들려 있는 이 책을 자신만의 격언 항아리라고 생각하라. 『챔피언의 마인드』는 귀중하고 특별한 메시지로 가득 차 있다. 이 책을 매일같이 읽기를 바란다. 이것이 당신의 잠재력을 발휘하는 방법이다. 이 책을 늘 가까이에 두고, 동기부여가 필요할 때, 마음이 나약해지는 순간에 들여다보라. 가방에 넣어 들고 다니거나 로커에 항상 넣어두는 것도 좋다. 이 책을 몇 페이지 읽는 것만으로도 정신력을 강화할 수 있다. 그만큼 간단하다.

오늘부터 '좋은 성적'에 만족하지 말고 '금메달에 걸맞은 성적'을 내기 위한 노력을 시작하라. 언젠가는 반드시 지금의 결정을 만족스러워할 것이다.

짐 크레이그(올림픽 아이스하키 금메달리스트)

다른 사람의 위대함을 알아볼 수 있다면,
당신에게도 역시 그 위대함이 숨어 있다

닮고 싶고 존경하는 사람이 있는가? 어떤 일에든 열정적인 사람, 뛰어난 성과를 내는 사람, 위기를 기회로 만들어내는 사람이 주위에 있다면 머릿속으로 떠올려보자. 그의 어떤 점이 가장 부러운가? '강인한 정신력'으로 평가한다면 누구에게 가장 높은 점수를 주고 싶은가?

여기, 최강의 정신력으로 무장한 이들이 있다. 이 책에서 말하는 챔피언, 즉 올림픽 금메달리스트나 최고 기록을 갈아 치우는 운동선수들 말이다. 가장 최고로 꼽는 운동선수가 있는가? 동시대 선수여도 좋고, 과거의 인물이어도 좋다. 어떤 특징 때문에 그 사람을 존경하는가? 강한 멘탈, 포기를 모르는 의지, 인내심, 집중력, 평정심 등이 있을 수 있다. 혹은 다른 특징들도 무수히 많을 것이다. 그 특징이 당신의 눈에 잘 보이는가? 그렇다면 그것을 너무 부러워하지 마라. 당신이 부러워하는 그 특징이 당신 안에도 존재한다. 제대로 발현될 순간만을 기다리고 있을 뿐이다.

2001년 MLB 월드시리즈 7차전 때 모든 야구팬을 짜릿하게 한 승부가 펼쳐졌다. 9회 말까지 애리조나 다이아몬드백스는 뉴욕 양키스에 2-1로 지고 있었다. 이대로 양키스의 우승으로 시리즈가 끝날 것처럼 보이던 순간, 다이아몬드백스의 토니 워맥이 2루타를 쳤고, 다이아몬드백스는 모두의 예상을 깨고 우승했다. 이 명승부를 지켜본 많은 사람이 이렇게 생각했을 것이다. '아, 나도 저렇게 결정적 순간에 힘을 발휘하는 사람이 되고 싶다.' 세계 최대의 골프 대회 마스터스 토너먼트에서의 타이거 우즈를 생각해보자. 최종 승부를 가르는 날에도 침착하고 여유롭게 걸어가는 타이거 우즈를 보면서 당신은 이렇게 생각할 것이다. '긴장되는 순간에도 타이거 우즈처럼 여유와 자신감을 갖고 싶다.'

우리는 이렇게 대단한 성공 스토리를 만들어낸 사람을 보며 감탄하고 부러워한다. 정상적인 심리 반응이다. 그러나 계속 부러워하기만 하면 타인이 나보다 우월하다는 생각에 사로잡힌다. 선망의 대상과 닮아갈 수 있다거나, 심지어 그 사람을 뛰어넘을 수 있다는 생각을 하지 못하게 된다. 우상과 자신을 구분 짓고 우러러보는 데만 익숙해지지 않았는가? 생각을 달리 해보자. 그와 나는 딴 세상 사람이 아니다. 그가 누구나 부러워하는 사람이 된 데에는 엄청난 각고의 시간과 노력이 있었기 때문이고 그것은 누구에게나 열려 있는 기회다. 이렇게 생각해야 그의 위대한 정신을 나도 가질 수 있다. 다른 사람이 얼마나 위대한지 알아보는 사람은 내면에 그 위대함을 똑같이 품고 있다. "내가 알아챌 수 있다면 나도 이미 그걸 갖고 있는 거야!"라고 생각하라.

이런 태도로 인생을 살면서 최고의 자신을 발견하는 것이야말로 챔피언이 되는 유일한 방법이다. 당신이 운동선수든 직장인이든 학생이든 상관없다. 우리의 궁극적 목표는 챔피언의 강력함을 알아보고 그들이 그렇게 강해질 수 있었던 비결을 알아내는 것이다. 타인의 강인한 정신력을 닮아가고자 할 때 챔피언만큼 훌륭한 본보기는 없다. 뉴욕 양키스의 전설적인 포수 요기 베라의 보석 같은 격언 중 하나를 명심하자. "스포츠란 90퍼센트의 정신력과 10퍼센트의 신체로 이루어진다." 최고의 운동선수들처럼 강하게 살아가고 싶다면 그들처럼 느끼고, 생각하며, 행동하라.

이 책은 당신에게 그 방법을 알려주고 싶은 마음으로 썼다. 챔피언을 닮아갈 수 있는 방법이 이 한 권에 모두 있다. 심리학에 관한 전통적인 연구와 최근 연구를 비롯해 스포츠 심리학 분야에서 경험한 나의 사례도 들어 있다. 물론 실전에서 확실한 효과를 발휘했던 방법들이다. 이 책을 통해 독보적인 운동선수들이 어떤 마음으로 훈련하고 경쟁했는지 들어보자. 극한의 경쟁에서 살아남으면서 얻은 교훈과 직설적인 충고를 가슴에 새겨보자. 그들의 놀라운 이야기는 당신이 지금부터 올바른 방식으로 생각하고 움직이도록 도와줄 것이다. 이 방법들은 당신의 인생 모든 분야에 깊숙이 자리 잡아야 한다.

각 장은 눈코 뜰 새 없이 바쁜 독자들을 위해 짧고 간결하게 썼다. 독자들이 하루에 조금씩이라도 읽고 동기부여를 얻게 되길 바란다. 혹은 단 한 개의 제안을 읽어도 충분하다. 내용을 충분히 흡수했다면 이 책을 가이드 삼아 자신만의 프로그램을 짜고 당장 실행하라. 그렇게 하면 자신의 진정한 잠재력을 온전히 끌어낼 수 있다. 내가 마침내 챔피언이 되는 것이다.

짐 아프레모

차 례

PART 1   챔피언의 몰입

: 자신과의 싸움에서 무조건 이기는 성공 원칙

마음이 나머지를 움직이게 한다.

— 카림 압둘-자바

챔피언의 몰입

자신과의 싸움에서
무조건 이기는
성공 원칙

정신력이
모든 것을 결정한다

뛰어난 스포츠 선수들에게는 어떤 특징이 있을까? 바로 정신력이
다. 위대한 테니스 선수 노바크 조코비치는 이렇게 말했다. "우수
한 선수 100명은 체력에서 큰 차이가 없다. 중압감을 견디고, 결정
적인 순간에 놀라운 결과를 만드는 힘은 정신력에서 나온다."

  즉, 정신력이 가장 중요하다. 체력 하나만으로는 경기장에서 뛰
어난 성적을 거둘 수 없다. 선천적으로 재능을 타고난 선수라 할지
라도 결정적 순간에 잠재력을 모두 끌어올리려면 정신력이 필수
다. 높은 성적을 거둘 수 있는 비결은 운동에 대한 감각이나 기술이

아니다. 중요한 것은 마음이다.

정상에 오른 운동선수에 대해 이야기할 때 (특히나 언론 보도에서 이런 태도가 두드러진다) 대부분은 그들이 가진 타고난 재능을 부각한다. 미국 국가대표 수영 선수 마이클 펠프스의 양팔은 앨버트로스의 날개만큼 길고, 테니스 스타 로저 페더러가 공을 치는 타이밍은 스위스 명품 시계만큼 정확하며, 속근섬유가 남다른 우사인 볼트는 피뢰침만큼 빠르다고 극찬한다.

하지만 이렇게 타고난 재능도 정신력이 없다면 아무것도 아니다. 챔피언이 되고 싶다면 챔피언의 화려한 모습에 홀려서는 안 된다. 수영장, 테니스 코트, 혹은 트랙에서 이들이 보낸 수천 시간이 몸과 마음을 만들어주었다는 것을 명심해야 한다.

올림픽 메달을 아홉 개 획득한 장거리 육상 선수 파보 누르미는 이렇게 말했다. "정신력이 모든 것을 결정한다. 근육은 그저 고무 조각에 지나지 않는다. 내가 이 자리에 설 수 있는 것은 모두 내 정신력 덕이다." 우리도 훈련하면 챔피언과 같은 단단한 정신력을 가질 수 있다. 스포츠를 하건, 일을 하건, 혹은 둘 다 하고 있건, 지금 하는 일에서 챔피언이 되려면 자신감, 집중력, 평정심이 중요한 역할을 한다.

신체적 역량과 달리 마음의 역량은 순간순간마다 흔들린다. 마음은 좋은 성적을 내야 한다는 압박감과 현재 처한 상황에 쉽게 영향을 받는다. 결정적 순간에 모든 상황이 순조롭게 흐르리라는 보장은 없다. 그러므로 우리에게 필요한 건 어떤 변수에도 흔들리지 않는 멘탈이다. 훈련으로 신체적 힘을 기르듯, 마음의 힘도 갈고닦아 길러야 한다. 정신이 기민해지도록 계획을 짜고 목적을 분명히 한 뒤 연습하고 개발해야 어떤 분야에서든 자신의 수준을 챔피언만큼 끌어올릴 수 있다.

오로지 금메달만을 생각하라

> 어떤 태도로 상황을 대하느냐에 따라 실패하거나 성공한다.
>
> — 페이튼 매닝(미식축구 선수, NFL 정규리그 5회 MVP)

스스로에게 챔피언이 되어라. 그러려면 자신의 기량을 최대한 뽑아내야 한다. 물론 우리 대부분은 올림픽 국가대표도 아니고 프로 운동선수도 아니다. 하지만 챔피언의 마인드는 누구나 가질 수 있고, 챔피언처럼 생각하는 법 역시 배울 수 있다. 그래야 비로소 인생이라는 게임에서 가장 좋은 성적을 낼 수 있다.

그러기 위해서는 처음부터 금메달을 노려야 한다. 은메달에 만족하지 않아야 더 노력할 수 있다. 그래야 가장 높은 수준, 즉 금메달에 도달한다.

올림픽 레슬링 챔피언 조던 버로우는 "내 눈에는 오직 금메달만이 보였다"라고 말했다. 이 문장은 그의 주문과도 같았다. 버로우처럼 눈앞에 펼쳐진 일을 최대한 긍정적으로 바라보고 가장 열망하는 결과를 위해 몸을 내던져라.

스포츠 특기생이건, 주말에 취미로 운동을 하건, 운동을 업으로 삼고 있건, 올림픽을 위해 가열하게 경쟁하고 있건, 금메달을 좇아야 뛰어난 성적을 거두고 진정한 경쟁 우위에 올라선다. 지금보다 높은 곳을 향하는 것이야말로 위대한 사람이 되는 지름길이다. 우리는 모두 빛나고 성공할 만한 가치가 있는 사람이다. 단, 현명하게 노력해야만 이를 얻을 수 있다.

성공을 위해서는 기꺼이 배우고 성장하겠다는 마음가짐이 필요하다. 또한 인생에서 확실하게 변화하기 위해서는 잘 훈련받고 단련해야 한다. 아주 소수만이 올림픽 대표 선수가 되듯이 스스로 챔피언이 되고 탁월한 모습으로 인생을 살아가는 이는 극소수에 불과하다. 인정하고 싶지 않은 현실이다. 하지만 인생에서 챔피언이 되고 싶은 마음이 간절하고 이를 실천에 옮기고 싶다면, 공은 당신의 손안에 있는 것이나 매한가지다. 이 공을 받을 것인가 포기할 것인가?

긍정적으로 접근하라. 부정적인 태도를 보이고, 노력하지 않으며, 기술과 전략을 개선하겠다는 의지가 없으면 시상대가 아니라 옥외 관람석에 남아 있게 된다.

태어날 때부터 뛰어난 운동선수였더라도 재능을 활용하지 않으면 소용이 없다. 승리하는 팀에 속해 있더라도 끊임없이 자신을 몰아붙이고, 아직 개선할 여지가 있다고 믿어야 한다. NBA 샌안토니오 스퍼스 팀의 감독 그레그 포포비치는 이렇게 말했다. "행복이나 편안함을 생각하는 코치나 팀은 존재하지 않는다. 그런 말은 아예 존재하지 않는다. 계속 경쟁하고, 움직이고, 개선하려고 노력해야 한다. 최고의 성적을 내고 있건 최악의 성적을 내고 있건 전혀 중요하지 않다."

당신은 금·은·동 중 어느 수준에 오를 만큼 몸과 마음을 바치고 있는가? 인생에서 지금 수준이 어떻든 챔피언이 될 가능성이 없다고 속단해선 안 된다. 더 잘할 수 있다. 잠재력을 온전히 드러낼 수 있다. 자신이 어디까지 할 수 있는지 믿음과 기대를 바꾸는 것만으로도 인생은 송두리째 달라진다. 태도는 일종의 의사 결정이고 학습된 행동이며, 이를 유지하기 위해서는 훈련과 정성이 필요하다.

우리 모두 챔피언처럼 생각하는 것을 배울 수는 있다. 하지만 과연 실행할 의지도 있을까? 의지는 무엇보다 중요하다. 지금 현재, 바로 이곳이야말로 챔피언이 되기 위해 무언가를 시작하는 최적의 시간과 장소다. 목표를 위해 바쁘게 움직여보자. 헬스장에 갈 수도, 운동장을 달릴 수도 있다. 초라한 2등에 만족하지 말자. 여전히 의지가 생기지 않는다면 다음의 세 가지를 떠올려보자.

- 시간이 없는가? 당신은 시간을 투자할 만한 가치 있는 존재다!
- 기운이 없는가? 시작하면 기운이 생길 것이다!
- 자신을 믿지 못하는가? 당신의 의심을 의심해보라!

선명하고 구체적으로 상상하라

> 챔피언은 체육관에서 만들어지는 것이 아니다.
> 마음속 깊은 곳에 있는 열망, 꿈, 비전이 챔피언을 만들어낸다.
>
> — 무하마드 알리(복싱 선수, 전 WBC·WBA 헤비급 챔피언)

"챔피언이 되면 인생이 어떻게 변할까?" 챔피언이 되려면 반드시 이 질문을 던져야 한다. 하루를 어떻게 보내고, 어떻게 연습하고 훈련받을지 상상해보자. 금메달을 따고 난 뒤 탁월한 모습을 유지하고 있는 자신을 상세하게 그려보자. 지금과 비교했을 때 더 잘하고 있거나 달라진 점이 무엇일까?

게임의 승자가 되었을 때 다른 사람들은 어떤 생각을 할까? 타인이 어떤 점을 눈치채길 바라는가? 팀 동료, 코치, 혹은 경쟁자가 당신의 무엇을 보고 가장 놀랄까? 한 발자국 밖에서 자신을 지켜보자. 좋은 성적을 내는 자신을 유심히 바라본다고 생각하자. 여태까지 없던 태도나 행동은 뭐가 있을까?

당신이 어떻게 최고가 되었는지 이야기를 만들어보는 것도 좋다. 그 이야기는 아주 그럴듯하고 설득력이 강하며 당신의 모습을 반영해야 한다. 스스로에게 이 이야기를 들려줄 때마다 챔피언으로서 어떻게 행동해야 할지 분명하고 강력한 이미지가 떠오를 것이다. 머릿속 그림이 선명해지면 성적은 곧 더 나은 방향으로 움직인다.

한 단계 더 나아가서, 챔피언의 자세로 삶을 살았을 때 얻을 긍지와 평온한 마음을 생각해보자. 반대로, 부족한 상태에 머물렀을 때 얻을 후회와 고통도 생각해보자. 순간의 안락을 위해 경기에서 가장 얻고 싶은 것을 양보할 것인가? 아니면 하기 싫은 순간에도 꾹 참고 앞으로 발을 내딛을 것인가? 최고가 되려는 마음을 가장 방해하는 요소를 정확하게 집어내 그 행동이나 관점을 즉시 제거하자. 챔피언이 되려면 나쁜 습관을 깨버려야 한다. 훈련에 지각하거나 아무 생각 없이 몸을 움직여서는 안 된다. 챔피언은 자신이 만들어낸 유혹에 넘어가지 않는다.

탁월한 의지로 훈련하는 선수에 대해 논할 때 늘 거론되는 앤슨 도랜스의 이야기를 들어보자. 그는 노스캐롤라이나대학교 여성 축구 팀의 코치로, 어느 날 팀 선수 중 한 명이 아무도 없는 축구장에서 혼자 훈련하고 있는 장면을 봤다. 도랜스는 그의 로커에 메모를 하나 남겼다. "챔피언이란 아무도 보고 있지 않아도 지칠 때까지 몸을 움직이고, 땀으로 흠뻑 젖을 때까지 운동하는 법이다." 혼자 훈련하던 그 선수는 바로 미아 햄이었다. 그는 훗날 미국 여자 축구 역사상 가장 위대한 선수로 이름을 남긴다.

꿈을 크게 꾸고, 높이 날기 위해 노력하며 미래를 향한 분명한 그림을 그린다면 위대한 사람이 될 수 있다. 당신은 어떤 꿈을 꾸는가? 열정을 다해 꿈을 좇으면서 계획을 실천한다면 탁월함이 어떤 형태로 모습을 나타낼까? 나의 대단한 모습을 마음속으로 선명하게, 강력하게 상상하라. 그 모습을 떠올릴 때마다 아드레날린이 강력하게 분출되는 것을 느껴보자. 진정으로 원해야 아드레날린이 나온다.

영국의 육상 스타 데임 켈리 홈즈는 역경은 물론 신체적 제약 앞에서도 꿈을 포기하지 않았다. 그는 우울증과 부상을 딛고 가장 큰 무대에서 화려하게 빛났다. 2004년 아테네 올림픽 800미터와 1,500미터 경기에서 금메달을 따낸 것이다. 자신의 저서 『저스트 두 잇! 성공을 위한 6단계』에서 그는 가능성이라는 관점으로 사물을 바라보는 것이 얼마나 중요한지 설명한다. "불가능하다고 생각하지만 않는다면, 훨씬 더 많은 것을 이룰 수 있다. 꿈은 충분히 이룰 수 있다. 일단 꿈을 세워보자."

일단 움직이고 말하라

> **잠들기 전 나는 아침에 일어났을 때보다 더 뛰어난 선수가 되어 있다.**
>
> — 조르주 생피에르(종합격투기 선수, 전 UFC 미들급·웰터급 챔피언)

탁월해지기 위한 왕도는 없다. 탁월함, 그 자체가 왕도다. 이 길을 밟아야만 목적지에 닿을 수 있다. 매일 정해진 시간 동안만큼은 이미 챔피언이 된 것처럼 굴어야 한다. 그 시간에야말로 진정한 테스트가 시작된다. 자신감에 차 있고, 집중력이 높아지며, 기운과 책임감이 넘치는 시간.

평범한 사람은 항상 "언젠가는 꼭 할 거야"라고 말하지만 금메달리스트는 "오늘 했지"라고 말한다. 1988년 서울 올림픽 장대높이뛰기 금메달리스트인 우크라이나의 세르게이 부브카는 "일단 실천하고 말하라"라고 했다. 행동은 말보다 힘이 세다. 지금 이 순간 스스로에게 질문을 던져보라. "입으로 호언장담한 대로 몸을 움직이고 있는가?"

손가락 하나 까딱하고 싶지 않은 날에는 이렇게 해보자. 시작하는 30분만 집중해서 운동하겠다고 결심하는 것이다. 마치 운동을 미친 듯이 사랑하는 사람처럼 진심을 다해 뛰어보자. 눈 딱 감고 몸을 움직여보면 어느새 30분이 지난 것도 모른 채 운동에 몰두하고 있을 것이다. 일단 시작하고 나면 몸은 저절로 움직이고, 성취감도 느끼면서 기분이 좋아진다.

하기 싫다는 마음을 극복하고 나쁜 버릇을 버리려면, 일단 흉내라도 내보자. 만들고 싶은 바람직한 자세가 나올 때까지, 혹은 정해놓은 시간이 끝날 때까지 비슷하게라도 따라 해보자. 그러다 보면 연습 시간이 끝난다. 천천히, 차근차근 하는 것이 오히려 가장 빠르고 효과적인 해결책이다. 우왕좌왕하는 것은 챔피언이 할 일이 아니다.

하고 싶지 않은 일(헬스장 가기, 식습관을 유지하기)을 계속하라. 두려움이나 초조함에 굴복하고 익숙한 패턴(운동을 내일로 미루기, 피자한 판 먹어치우기)을 되풀이하는 대신에 하고 싶지 않은 일을 선택하라. 이 선택에 따라 당신은 목표를 달성할 수도 있지만, 반대로 목표의 근처조차 가지 못할 수도 있다. 결정은 오롯이 당신의 몫이다. 챔피언처럼 행동할 텐가, 유혹에 굴복하고 말 텐가?

지지부진한 상태에서 정공법으로 빠져나오라. 허리를 곧게 펴고 힘차게 걸어라. 머리를 한껏 들고 게임에 임하라. 정신 상태를 최대한 강화해라. 그러다 보면 다른 것들은 저절로 알아서 움직인다. 새로운 방식은 금세 몸에 익는다. 게임이 완전히 달라지면서 최고의 성적을 거두고 최상의 감정 상태가 된다. 진심으로 임하면 챔피언처럼 행동할 수 있다. 당장 시작하라.

매일매일 임하라

> **4년마다 하는 것이 아니다. 매일매일 하는 것이다.**
> — 미국 올림픽위원회의 모토

미식축구 팀 필라델피아 이글스의 감독 칩 켈리는 오리건 덕스 팀을 이끌 때 전례 없는 성공을 거두고 이렇게 말했다. "그날을 이겨내라." 즉, 최고의 운동선수가 되기 위해서는 매일매일 모든 기회를 놓치지 말아야 한다는 뜻이다. 남들보다 뛰어난 경지에 이르고, 경쟁을 거치며 나아지고 싶은가? 그렇다면 "더 나아지지 않으면 더 나빠진다"라는 마음가짐으로 살아야 한다. 최고의 성과를 거두는 것은 스트라이크존을 날마다 노리는 것과 같다.

오늘이 아니면 탁월해질 수 없다. 머릿속에서 어제도 내일도 지워라. 지금 이 순간에 과거와 미래는 존재하지 않는다. 타고난 재주를 뽐내고 즐거움을 극대화하는 것은 오늘뿐이다. 하루 한 번씩 승리해서 조금씩 성공에 다가가야 한다. 꾸물거리는 것은 챔피언이 할 일이 아니다.

매일같이 목표를 세우고 이를 달성하려고 노력해야 원하는 경지에 다다른다. 오늘 어떻게 더 나아질까? 오늘 무엇을 이룰까? 오늘만을 생각하는 사람은 어제를 후회하는 사람과 미래를 걱정하는 사람들과 차원이 다르다. 그들은 지난번 경기의 실수를 곱씹으며 과거에 머물러 있거나, 당장 시작하지 않고 미적거리면서 내일 하겠다고 다짐한다.

수영 선수 마크 스피츠는 1972년 뮌헨 올림픽에 출전해 금메달 일곱 개를 땄다. 하나의 올림픽 대회에서 금메달 일곱 개를 거머쥔 최초의 운동선수였으며, 이 기록은 36년 뒤 마이클 펠프스가 2008년 올림픽에서 금메달 여덟 개를 획득할 때까지 깨지지 않았다. 스피츠는 탁월해지기 위해 매일매일 노력하는 것이 얼마나 중요한지 잘 알았다. 그는 이렇게 말했다. "그저 최선을 다할 뿐입니다. 내일은 중요하지 않아요. 오늘 무엇을 했느냐가 중요합니다."

켈리나 스피츠처럼 반드시 이긴다는 접근 방법을 택하라. 방식은 여러 가지가 있다. 훈련을 더 하거나, 회복하고 쉬는 시간을 갖거나, 경기장에서 이를 악물고 덤비거나. 지금 하는 일이 곧 당신의 스포츠다. 적극적으로 참여하고, 최대한 많은 것을 얻어내기 위해 맡은 임무에 최선을 다하라. 오늘은 금메달을 얻기 위한 새로운 기회다. 어긋난 길로 걷지 말고, 집중해라.

스스로 만족스러운 위치에 도달하려면 오늘 무엇을 해야 하는가? 챔피언이라면 자신의 능력보다 낮은 수준에서 만족하면 안 된다. 하지만 매 순간 자기 자신을 엄격하게 다그칠 필요는 없다. 유혹을 느끼거나 바람직한 행동이 가로막히는 중요한 순간에만 원칙을 잘 지키면 된다. 챔피언이 되려면, 원칙을 지킬 때와 휴식을 취할 때를 구분할 줄 알아야 한다.

경기를 준비하다 보면 철통같이 자기 훈련을 해야 하는 순간도 있지만, 한숨 돌리는 시간이 필요할 때도 있기 마련이다. 예를 들어 프리샷 루틴(골프에서 공을 치기 전에 습관적으로 하는 행동)을 하는 순간 골퍼는 자신의 훈련 방식을 엄격하게 따라야 하지만(골프에 집중), 샷을 치는 중간중간 페어웨이(골프장에서 티와 그린 사이의 잔디 지역)를 걸어가면서 집중을 풀고 휴식을 취한다(골프에 대한 집중을 차단).

"금메달을 꿈꿔라. 은메달로 만족하지 말라"라는 말을 자신만의 주문으로 만들고, 규율이 필요한 순간에 되뇌어라. "금메달을 생각해(혹은 최선을 다하자)!"라는 말을 스스로에게 외쳐보는 것이다. 혹은 이런 말이 확성기를 통해 귀에 들린다고 상상하라. 춥고 비가 오는 날, 알람을 끄고 계속 잘지, 아니면 침대를 박차고 나와 훈련을 시작할지 결정해야 하는 중요한 순간에 이를 떠올리자.

지금 당장 해야 하는 일들

> 꿈을 위해 인생을 꾸려나가라. 그리고 꿈이 실현되는 것을 지켜보라.
>
> — 작자 미상

챔피언다운 성과를 내려면 끊임없는 자기 암시가 중요하다. 자신만이 알아보는 사인을 곳곳에 배치해놓고 끊임없이 상기하라. "금메달을 꿈꿔라, 은메달로 만족하지 말라"라고 쓰인 메모를 눈에 띄는 곳에 붙이고, 스마트폰 배경화면으로 설정해놓자. 승리하겠다는 다짐을 다잡고 동기부여를 위해 이를 활용한다.

시간을 관리한다는 것은 곧 우선순위를 관리한다는 뜻이다. 체육 특기생이건 프로 선수건 주말에만 취미로 운동을 하건, 시간에 대한 우선순위를 정해야 한다. 이것은 게임 계획을 세우는 데 가장 중요하다. 챔피언이 되기 위해 매일 해야 하는 일 목록을 세워보라. 시간, 에너지, 자원을 어떻게 사용할지 현명하게 선택해라. 챔피언은 매번 연습할 때마다 제시간을 지키고 온 정성을 쏟아붓는다. 그래야 성공이 지속된다.

또한 재미라는 단어를 항상 염두에 두자. 매일 하는 연습에서도 재미를 느낄 수 있어야 한다. 사소한 재밋거리가 인생을 만족스럽게 하기 때문이다. 즐기는 활동이나 취미가 있다면 이를 충분히 누려라. 잠시 내려놓는 시간이 있어야만 다시 힘을 얻고 좀 더 나은 성적을 거둘 수 있다. 챔피언은 아무도 나 대신 삶을 살아주거나 훈런하거나 경쟁하지 않는다는 것을 잘 알고 있다. 자신의 삶을 온전히 책임지고, 스스로 최선이라고 믿는 것들을 실행해야 챔피언이 된다.

매일 적정한 수준만큼만 도전하자. 비현실적인 계획을 세우면 자신을 패배로 몰아넣는 꼴이 된다. 무리한 계획에 마음이 동할 리 없다. 합리적인 계획을 세우자. 해가 저물어갈 무렵이면, 얼마만큼을 해냈던 그 자체로 만족하라.

매일 해야 할 일과 주제를 정해놓으면 효율성과 생산성을 최대로 높일 수 있다. 그다지 중요하지 않은 일을 늘어놓거나, 그저 공간을 채우려고 이것저것 집어넣지는 말자. '할 일' 목록은 '지금 할 수 있는 일'로 채워져야 한다.

습관을 바꾸고, 열심히 일하고 훈련하면서 느끼는 불편함을 거뜬히 이겨낼 만큼 당신은 강한 사람이다. 바람직한 결과를 얻으려면, 할 일 목록에 쓰인 일을 하나씩 해치울 때의 기분 좋은 느낌을 상상해보라. 인생은 선택의 연속이고 시간은 소중한 보물이다. 그렇다면 올바른 선택을 하고 시간을 현명하게 써서 당신의 게임을 지배해야 한다.

매일매일 성과를 개선하려면, 금메달을 연상하도록 손목에 금색 밴드를 하자. 볼 때마다 금메달을 연상할 수 있도록 말이다. 자극을 받을 때마다 최선을 다하고 인생에서 챔피언이 되려는 목표를 다시 한 번 떠올려라. 금색 손목밴드는 "금메달을 꿈꿔라, 은메달로 만족하지 말라"와도 연결되며, 어디를 가든 당신을 따라다닐 것이다.

모든 행동을 목표에 걸맞게 신중히 조정하라. 효율성과 평정심을 위해 정리정돈을 하라. 주변이 깨끗해지면 기분은 물론 성적도 달라진다. 예를 들어 잡동사니 없는 깨끗한 침실, 사무실, 운동 로커를 유지해보라. 색색의 폴더를 사용해서 서류를 정돈해라. 노트에 정말 필요한 할 일들의 목록을 채워가라. 딱 30분만 할애해서 당신의 공간을 정돈하고 청소하라. 완전히 엉망이 되는 사태를 미리 막을 수 있다. 개인 공간이 깔끔하고 잡동사니가 적을수록 스트레스도 줄어든다.

사람과 어울리면서 나오는 힘

> 한 개의 화살은 쉽게 꺾을 수 있다. 하지만 열 개 묶음은 쉽게 꺾이지 않는다.
> —일본 속담

인간관계는 우수한 선수가 되는 데 도움이 되기도, 걸림돌이 되기도 한다. 그렇기 때문에 대인 기술은 운동선수의 기량 못지않게 중요하다. 스포츠를 즐기고 성공을 누리는 데 크게 영향을 미치는 것이다. 대인 기술은 자신과 타인을 이해하고, 효과적으로 대화하며, 긍정적이고 생산적인 인간관계를 맺는 것과 관련이 있다.

미스티 메이-트리너와 케리 윌시 제닝스는 비치발리볼 팀 중 가장 많은 메달을 땄다. 두 사람은 효과적인 의사소통이 중요하다는 것을 일찍이 깨닫고 2012년 올림픽에 참가하기 전 스포츠 심리상담가의 도움을 받았다. 비치발리볼 코트 안팎에서 두 사람 간의 의사소통을 개선하기 위해서였다.

혼자 경기를 하든 팀으로 경기에 참여하든, 타인을 이해하고 갈등을 해소하려면 뛰어난 대인 기술은 필수 불가결하다. 이때 타인은 코치, 팀원, 언론, 훈련 담당자, 경기 운영진, 경쟁 상대, 가족, 친구 등이 된다. 뛰어난 대인 기술을 갖고 싶다면 다음을 유의하는 것이 좋다.

내 권리와 자격을 이해하라. 다른 사람이 내 권리와 자격을 침해하도록 내버려 둬선 안 된다. 언어적, 신체적, 성적 학대를 참지 마라. 누군가 내 권리를 침해하거든, 이런 일이 다시 일어날 때까지 기다리지 말고 즉시 손을 들고 그 사실을 지적하라. 공개적으로 말하는 것이 가장 바람직하다. 마찬가지로 타인의 권리와 자격도 존중해야 한다.

이야기를 들을 때에는 집중하라. 말하는 사람에게 관심을 돌려라. 어떻게 대답할지 고민하거나 공상하고 있으면 안 된다. 관심을 기울이는 태도를 유지하고, 눈을 마주치며 동의한다는 의미로 고개를 끄덕여라. 제대로 이해하고 있다는 것을 보여주기 위해 상대방의 말을 요약하라. 집중하며 듣는 태도와 기술은 다른 사람의 마음을 열고 편안한 관계를 만든다.

추측하고 단정 짓지 마라. 당신이 상대에 대해 추측한 것을 입에 올리면 안 된다. 그 사람이 생각하거나 느끼거나 경험한 것이 무엇인지 직접 물어봐라. 마찬가지로 타인이 당신의 생각, 느낌, 경험을 지레짐작하도록 두어서는 안 된다. 항상 대화의 창을 열어두고, 상대방을 존중하는 태도를 보여라.

문제에 대해 논하라. 다른 사람과의 문제가 커지도록 내버려 두지 마라. 필요하다면 잠시 휴식 시간을 가지면서(혹은 온종일 쉴 수도 있다) 머릿속을 정리하고 감정을 진정시켜라. 그러고 나서 무엇을 느꼈는지, 어떤 점을 고치고 싶은지 이야기하라. 이렇게 접근하면 어떤 오해도 재빨리 해결하고 다시 관계를 회복할 수 있다. 부루퉁한 채로 있는 것은 어느 쪽에도 도움이 되지 않는다.

행동을 비판하되, 사람을 탓하지는 마라. "당신은 ~같은 인간이야"라고 말하면 사람은 이를 자신에 대한 비판으로 받아들인다. "팀 앞에서 나에 대해 그렇게 말했을 때, 모욕당한 기분이었어. 그게 네가 원하던 거야?"라고 물어보는 쪽이 훨씬 생산적이다. 문제 삼으려는 행동을 구체적으로 집어내는 편이 좋다. "당신은 절대 ~하지 않지"라거나 "당신은 언제나 ~해"라며 일반화하지 마라.

공정하라. 스스로 완벽해지려고 하지 말고, 다른 사람이 완벽할 거라고 기대하지 마라. 입장 차이가 난다면 합의점을 찾으려고 노력하라. 타인과의 관계에서 "지금 이 상황에서 양쪽 모두에게 무엇이 가장 공정하고 합리적일까?"라고 물어보라. 모두 만족하는 해결책을 찾기 위해 함께 노력하는 것이 목표다. 흑백논리에 빠지거나, 모 아니면 도라는 자세, 혹은 항상 선악으로 구분하는 태도는 피해야 한다.

"밀물은 모든 배를 들어 올린다." 즉, 당신이 더 많은 것을 내놓을수록 팀이 더 많은 것을 얻는다. 팀이 많은 것을 얻을수록 당신도 더 많은 것을 받는다. 승리하는 팀에 속한 모든 이들이 혜택을 입기 때문이다. 최선을 다해 노력한다면, 내재적인 보상(재미, 목적, 개인적 충족감)은 물론 외적인 보상(트로피, 선수 스카우터의 눈에 띄는 것, 다른 사람의 인정)도 따라온다.

우수한 팀원의 도움을 받으면 내가 꿈꾸던 선수가 될 수 있다. 최선을 끌어내는 방법을 같이 찾고, 지원이 필요할 때마다 서로 도움이 되어준다. "팀워크가 가장 중요하다. 서로를 위해 열심히 노력하려는 팀원의 마음은 타고난 재주보다 더 강력하다"라고 NBA 선수 크리스 폴이 말했다.

챔피언 팀은 호흡, 공동, 한마음이라는 말을 많이 사용한다. 챔피언 팀이 '우리'라는 느낌을 강하게 공유하는 밑바탕에는 신뢰가 깔려 있다. 모두 한 방향으로 나서거나 옆 사람을 끌어준다. 긍정적인 마음을 유지하고 한 팀으로서 같이 움직이면, 불안정하게 시작했거나 연패에 빠졌더라도 극복할 수 있다. 우리 팀의 명분을 도울 방법을 고민하라. 팀은 운명을 같이 하기 때문에, 모든 행동이 팀과 대의명분을 위해 이루어져야 한다.

세 가지 질문을 스스로에게 던져보라.

- 내가 하는 일 중에 팀에 피해를 주는 일이 있을까?

  (불평하기, 헛소문 퍼뜨리기)

- 내가 하지 않아서 팀에 피해를 주는 일이 있을까?

  (팀원의 기운 북돋아주기, 팀에서 맡은 역할 받아들이기)

- 더 뛰어난 팀원이 되기 위해 구체적으로 무엇을 해야 할까?

  (경기마다 결단력 있게 움직이기, 경기장에서 좀 더 목소리를 내기)

중요한 날에 절대 해서는 안 되는 생각들

> 경기하기도 전에 져서는 안 된다.
>
> — 대럴 로열(미식축구 감독)

플레이오프나 챔피언십 결승전 같은 중요한 경기 당일에 운동선수가 절대 해서는 안 되는 세 가지 생각이 있다. 결과를 지나치게 강조하는 것, 지나치게 애쓰는 것, 부정적인 것만 되씹는 것이다. 이런 생각들은 경기장에서 충분히 피할 수 있었던 실수를 저지르게 한다. 챔피언은 이런 실수를 미리 막아서 승리를 거둔다. 시즌 중 어떤 상황이건, 어떤 경쟁자를 만나건, 경기가 얼마나 중요하건, 가장 중요한 목표는 항상 똑같다. 처음부터 끝까지 최선을 다해 경쟁하는 것이다. 이 목표를 추구하다 보면, 그날 최고의 점수를 받게 된다.

대학 미식축구 팀 앨라배마 크림슨 타이드의 감독 닉 사반이 2012년 전국 챔피언십 결승전을 앞두고 선수들에게 했던 말이다. "어떻게 끝내고 싶은가? 어떻게 노력할 거지? 경기를 위한 열정과 흥분은? 얼마나 거칠게 할 건가?" 이 팀은 21-0으로 큰 승리를 거둔다. 한 번에 한 플레이에만 집중했고, 결과를 너무 강조하지 않았다. 코칭받은 대로 경기를 하고, 지나치게 많은 것을 하려고 조바심 내지 않았다. 부정적인 일을 곱씹는 대신 긍정적인 것에 집중했다. 경기가 끝나고 닉 감독이 한 인터뷰를 들어보자.

"완벽한 경기를 하진 않았죠. 그건 확실해요. 공이 앞으로 나가질 못했어요. 한동안 터치다운을 만들어내지도 못했고요. 하지만 우리 선수들은 경기를 계속했고, 경기 중 일어난 일에 대해서는 그 누구도 모질게 말하지 않았어요. 하나의 팀으로서, 우리에게는 이런 자세가 확실하게 자리 잡혀 있다고 생각합니다. 한 번에 하나씩 플레이를 끝내면서 경기를 할 뿐이에요. 그리고 경기를 하기 전에 어떤 상황이었더라도, 우리는 '나는 거부당하지 않을 거야'

라는 태도로 그다음 플레이에 임합니다. 경기 중에는 이런 모습을 보이면 됩니다."

중요한 경기 당일에 운동선수들이 흔히 하게 되는 세 가지 잘못된 생각에 대해 상세히 살펴보자.

결과를 지나치게 강조하지 마라. 최고의 경기는 현재 지금 이 순간에만 만들어진다. 중요한 경기의 결과에만 집중하는 것은 치명적이다. 많은 선수가 이런 실수를 한다. 왜냐고? 모두 엄청나게 노력하면서 준비했기 때문이다. 승리할 거라는 (최고의 순간을 만들어내겠다고) 큰 희망을 품거나 실패할까 봐 (최고의 순간을 만들지 못할까 봐) 두려워하면 결과에만 집착하게 된다. 승리하거나 실패했을 때의 결과를 너무 앞서 생각하면 자신의 능력을 제대로 발휘하지 못한다. 집중력이 흐려지기 때문이다. 중요한 경기의 중압감을 최소화해야 한다. 우승 트로피를 높이 들어 올리는 상상을 할 시간에 눈앞의 경기를 진행하는 데 집중하라.

스포트라이트를 받을 때마다 결과에 집중하는 편이라면, 이에 적합한 정신적 관리는 성공과 실패에 대해 자신에게 스트레스를 주지 않는 것이다. 과정에 집중하면, 점수는 알아서 따라온다. 경기나 경주를 계획대로 차근차근 실행하고, 오로지 다음 단계만 생각하라. 승부 외의 일이 궁금해지거나 최종 결과가 걱정되기 시작하면 즉시 생각을 바꾸기 위해 노력하라. 지금, 여기 마주치고 있는 당면 과제로 관심을 돌리고 책무를 다하는 데 집중하라. 경기 과정을 수행하고, 한 번에 뛰어난 플레이를 해내는 데 집중해야 한다. 경기 종료를 알리는 호루라기가 울릴 때까지, 결승점을 통과할 때까지 이런 태도를 유지해라. 결과는 나중에 알아도 된다.

직접 통제할 수 없는 외부 요소 때문에 이리저리 헤매거나 에너지를 소모하지 않도록 주의하자. 경쟁과 관계없는 일, 주위의 야단법석과 거리를 두어라. 처음부터 마지막 순간까지 눈앞에 놓인 목표에 집중하고, 중요한 동작에 몰입해라. 내가 할 수 있는 일에만 오롯이 신경을 쏟아라. 특히 피로하거나 경기가 끝나갈 무렵이면 과정에 집중하는 태도가 승패를 가른다. 승리하려고 하지 말고, 승리가 내 손에 들어오도록 해라.

지나치게 애쓰지 마라. 챔피언십 경기나 전국 대회를 치를 때, 혹은 막강한 적을 만났을 때 선수들은 흔히 지나치게 노력한다. 중요한 경기일수록 기대치나 희망이 생기기 마련이고, 이런 기대로 인해 의욕이 넘치면서 실수가 나오는 것이다. 또한 지난번보다 더 잘해야 한다고 잘못 생각하기도 한다. 지나치게 애쓰다가 긴장하거나 무모해지는 대신 경기 내내 꾸준하게 플레이하자. 상황이 상황이다 보니, 헤라클레스 같은 노력을 들이거나 슈퍼히어로가 되어야 한다는 잘못된 믿음을 갖기 쉽다. 하지만 이렇게 생각하면 에너지가 고갈되고, 여태까지 자신을 성공으로 이끌었던 요소를 빼앗긴다.

이럴 때는 당신이 성공할 수 있었던 조건을 생각해보는 것이 좋다. 늘상 하던 루틴을 경기 당일에도 그대로 따르는 것이 이에 해당한다. 이런 상황을 맞이할 만큼, 당신은 노력해서 올라왔다. 충분히 준비했다면, 이전 훈련에서 해보지 않았던 일을 굳이 경기 전이나 경기 도중에 해보겠다고 변화를 꾀할 이유가 없다. 늘 잘하던 일을 하고, 능력을 최대한 표출하기 위해 싸우면 된다. 그뿐이다. 훈련하면서 얻은 재능을 믿고, 본능적으로 의사를 결정하고, 기술을 선보여라.

부정적인 일을 되짚지 마라. 경기할 때마다 매번 완벽한 경기를 해내야 한다고 생각하거나 이상적인 컨디션을 유지해야 한다고 고집부려서는 안 된다. 이 역시 흔한 생각으로, 세계 정상급 선수들조차 이 함정에 빠진다. 특히 올림픽 경기, 윔블던, 월드컵 같은 세계적인 경기일수록 자주 일어난다. 많은 선수가 계속해서 아직도 실수할 여지가 있다고 느낀다. 이기려면 모든 플레이, 샷, 공격이 완벽해야 한다는 강박을 갖는 것이다. 심지어 자신의 가치가 이 경기의 승패에 달려 있다고 생각하기도 한다. 이렇게 생각하면 더 위로 가지 못하고 현 상태에서 꼼짝도 하지 못한다.

이런 경우에는 부정적인 일이 아니라 긍정적인 일을 되짚어야 한다. 예상하지 못하거나 원치 않은 일이 일어났다고 부정적으로 바라보거나 머릿속에서 곱씹지 말아야 한다. 팀원의 실수로 판세가 바뀌거나, 심판이 미처 상황을 놓치는 경우가 이런 때다. 절망하거나 공황 상태에 빠지거나 비관주의에 빠지는 것은 단호히 거부하라. 실수를 뒤로하고 앞으로 나아가지 않으면, 다음 플레이에서나 공격할 때 예상치 못한 실수가 당신의 발을 잡아 끌어내린다.

경기 전에 어떤 일이 일어나더라도 난관을 넘어서기 위해 최선을 다하겠다고 마음먹어라. 감정을 딛고 일어서서, 경기 중에 일어나는 안 좋은 사건이나 실수를 과감히 넘겨라. 이런 챔피언의 자세가 있으면 경기 내내 냉정함과 자신감을 유지할 수 있다.

머릿속 잡음 차단하기

> **백만 개의 우주 앞에서도 당신의 영혼은 침착하고 태연해야 한다.**
>
> ― 월트 휘트먼(시인)

스포츠 심리학자 밥 로텔라는 『골프는 완벽한 게임이 될 수 없다』라는 베스트셀러를 썼다. 그의 말대로 골프는 완벽한 게임이 될 수 없고, 미처 예측하지 못한 이상한 일, 예를 들면 골프공이 나무 사이에 끼어버리는 상황 등이 발생한다. 홀은 지름 10.8센티미터 크기고, 표준 골프공은 지름이 4.2센티미터다. 공이 홀 위를 지나간다면 홀 안으로 떨어질 수밖에 없다. 중력이 작용한다는 가정하에서라면.

그런데도 왜 골퍼들은 1.2미터 거리의 짧은 퍼팅을 그렇게 두려워하는 걸까? 마음가짐의 문제다. 특히 의심으로 마음속이 가득 찼을 때 문제가 된다. 위대한 골퍼는 마인드가 여느 골퍼와 다르다. 그들은 퍼팅하기 전, 골프공이 홀 안으로 들어가는 모습을 그려본다. 물론 그들의 퍼팅도 빗나갈 수 있다. 하지만 훨씬 더 많은 수의 퍼팅을 성공한다. 중요한 것은, 당신이 상상하는 것을 시각화하는 것이고, 시각화를 많이 할수록 실제로 이뤄질 가능성이 크다는 것이다.

어느 날, US오픈 경기가 열리고 있다고 상상해보자. 골퍼 잭은 세 개의 평행 우주에서 같은 시간에 골프를 치고 있다. 세 명의 잭은 18홀에서 똑같은 1.2미터 퍼팅을 목전에 두고 있다. 이 퍼팅으로 골프공이 들어가면, 그는 인생 최초의 우승컵을 쥐게 된다. 세 개의 평행 우주를 금메달 유니버스, 은메달 유니버스, 동메달 유니버스라고 칭하기로 하자.

- 동메달 유니버스에서 그는 너무 흥분했다.
- 은메달 유니버스에서 그는 지나치게 걱정하고 있다.
- 금메달 유니버스에서 그는 차분하게 집중하고 있다.

동메달 유니버스에서 잭은 이번 퍼팅이 자신의 인생을 탈바꿈할 것이라고 믿는다. 승리의 흥분이 그의 머릿속을 가득 채우고 있다. 지금 이 순간을 바라보지 않고 승리만을 기대하고 있기에 과하게 흥분했다. 잭은 성급하게 퍼팅 전 루틴을 구사한다. 그립을 꽉 잡고, 볼을 친다. 공은 1미터가량 홀을 지나친다. 망했다!

은메달 유니버스에서 잭은 이번 퍼팅을 놓친다면 자신의 인생이 망가질 것이라고 믿는다. 그의 마음속에는 사람들의 비웃음이 가득 차 있다. 지금 이 순간을 충실히 살아가면서 승리하는 대신, 그저 퍼팅을 놓치지 않으려고만 한다. 퍼팅 전 루틴을 어정쩡하게 연습한 뒤, 불안한 눈빛으로 주위를 돌아보던 잭은 공을 친다. 공은 홀에 닿지 못하고 멈춘다. 이 얼마나 당황스러운 일인지!

금메달 유니버스에서 잭은 생각한다. "위치를 읽고, 공을 굴려. 분명히 홀인이 될 거야." 골프 장갑에 붙어 있는 황금색 점을 바라보고, 깊은 호흡을 한다. 퍼팅하는 것 자체가 아니라 어떻게 퍼팅할지를 고민한다. 지금 잭은 오로지 공이 적정한 거리를 적정한 속도로 굴러가게 하는 것에만 집중한다. 지극히 깊게 몰입한 이 순간, 잭은 오직 실행만을 염두에 둔다. 즉, 퍼팅의 성공과 실패에 신경 쓰지 않고, 몸을 움직여 무엇을 할 수 있는지에 집중한다. 그립에서 힘을 빼고, 부드럽게 공을 친다. 공이 홀컵으로 들어가는 소리가 들린다. 와우!

생각은 느낌을 결정하고, 느낌은 성적에 영향을 준다는 사실을 기억하라. 세 개의 유니버스에서 잭이 사용한 기술은 모두 같았다. 금메달 유니버스에서 잭이 퍼팅을 성공한 것은 퍼팅의 의미를 따지는 머릿속 잡음이 없이 그 순간에만 집중했기 때문이다. 그 점이 다른 두 메달 유니버스와의 차이점이다. 마음이 명료하고 움직임은 차분했으며, 눈앞의 일에 온전히 집중했다.

잭은 이 퍼팅이 성공하면 인생에 도움이 되겠지만 인생을 결정짓지는 않는다고 생각했다. 자신의 가치, 미래의 행복은 이 퍼팅에 달려 있지 않다. 자신이 퍼팅에 성공하거나 실패했을 때 사람들이 어떻게 생각할지 관심 갖지 않았다. 잭은 챔피언의 마인드로 자신을 온전히 믿으면서 자유롭게 공을 쳤다.

자신이 바라는, 혹은 두려워하는 결과를 걱정하지 말고 그 과정과 실행에 몰두하라. 경기를 시작하는 타이밍이건 마지막 18홀에 있건, 똑같은 마음이어야 한다. 어떤 일을 앞두고 있건 여기에서 배운 것을 적용하라. 금메달 유니버스에 사는 잭을 이해하는 순간, 눈 앞의 일을 대하는 마음가짐이 완전히 달라질 것이다.

인생의 불확실함을 인정할 것

> 사건을 통제할 수 없다면 나 자신을 통제하라.
> ─ 몽테뉴(사상가)

스포츠와 일상생활 사이에 적절한 균형을 잡기 위해 최선을 다하라. 하지만 미디어에 흔히 나오는 '라이프 밸런스'란 말은 잘못된 인식을 심어줄 수 있다. 모든 사물은 끊임없이 변화하기 때문이다. 인생의 모든 측면에서 균형이나 완벽한 상태를 기대하는 것은 좌절과 실망을 안길 뿐이다.

인생의 어떤 부분이 절정기를 맞았다면, 또다른 부분은 침체기를 겪을 수 있다. 스포츠는 잘하고 있지만, 친구와 충분한 시간을 보내지는 못한다. 어떤 때에는 능력을 100퍼센트 발휘하고 있다고 느끼지만, 다른 순간에는 몸이 아픈 것 같다. 자신은 뛰어난 플레이를 선보였는데도 팀은 안타깝게 질 수 있다.

살다 보면 삶의 특정 부분이 내가 가진 자원을 모두 써버리는 일도 생긴다. 축구 트레이닝 캠프에 참여하거나 기말고사를 준비하거나 플레이오프가 시작되는 시기에 스포츠와 일상생활의 밸런스를 추구한다는 것은 지나치게 이상적인 말이다.

인생은 불분명하고 불확실하며 살다 보면 자주 균형이 무너진다는 사실을 받아들여라. 마음속에서 감정적 균형을 찾으려고 노력하고 무게 중심을 잡는 편이 낫다. 변화에 몸을 맡기되, 자신이 통제할 수 있는 것만을 통제하라. 16세기의 유명한 프랑스 철학자 몽테뉴는 "사건을 통제할 수 없다면 나 자신을 통제하라"라고 말했다. 삶은 때때로 우리에게 어려운 패를 던진다.

챔피언처럼 운동하려면, 그 어려운 패조차 최선을 다해서 대응해야 한다. 그것이 당신이 할 수 있는 최선이기 때문이다.

챔피언의 마인드가 바로 비장의 무기다. 이를 익히고 활용하라. 다음의 질문 두 개를 스스로에게 던져라.

• 지금 상황을 챔피언답게 다루려면 어떻게 해야 할까?
• 미래에 원하는 곳에 도착하려면 무엇을 해야 할까?

내가 어떻게 할 수 없는 일을 위해 애쓰지 마라. 대신 아래의 이야기를 떠올리면서 스스로를 다스리고, 통제할 수 있는 변수를 관리하라.

- 마음을 무겁게 가라앉히는 존재가 무엇이건 이 또한 지나가리라는 사실을 명심하라.
- 미래를 지나치게 걱정하지 말고 지금의 문제를 해결하는 데 에너지를 쏟아라.
- 관심이나 방관에 잡아먹히는 대신 긍정적인 행동을 취하라.
- 자신의 권리와 필요를 요구하면서 당당한 태도를 취하라. 훈련과 재활에 필요한 시간을 들이는 것도 이에 해당한다. 그러기 위해서 다른 사람의 이해보다 자신의 이해를 더 중요시할 줄 알아야 한다. 즉, 스트레스를 줄이고 내 우선순위를 지키기 위해 남의 부탁을 거절하는 방법을 익힌다.
- 스스로를 고립시키지 말고 친구와 가족, 전문가의 도움과 지원을 요청한다.
- 긴장을 풀기 위해 기초적인 자기 관리와 몸의 힘을 빼는 기술을 현명하게 활용한다.
- 유머 감각을 유지한다. 매사에 재미있거나 밝은 측면을 찾아낸다.
- 무엇보다, 성공하기 위한 과정을 밟으면서 장기적인 건강, 행복, 가까운 인간관계에 필요한 핵심 가치를 지켜야 한다. 성공보다 온전한 정신 상태를 중요시해야 한다는 이야기다.

확고하고 지속적인 정신적 변화를 위해 지금, 여기에서 훈련받은 대로 움직여라. 이를 바탕으로 꿈을 이루기 위해 앞으로 나아가라.

챔피언이 변화를 받아들이는 방법

> 끊임없이 변해야 인생의 바퀴가 굴러간다.
> 그 결과 현실이 다양한 형태로 나타난다.
> — 불교 명언

변화를 달가워하는 사람은 별로 없다. 기저귀가 축축하게 젖은 아이라면 모를까. 큰 변화나 장애물이 존재한다는 것은 일상의 루틴, 안락함, 가족이나 팀에서 내가 맡았던 여러 역할이 사라진다는 것이다. 편안해진 모든 것을 버려야 하면 불안하고 두려워진다. 그러나 변화가 필요한 순간이라면, 변화에 맞춰 수정하고 달라지는 방법을 익혀야 한다.

유연한 태도를 가져라. 변화에 맞춰 생각하고 움직여라. 유연한 태도란 자유롭게 흐르는 개울과 같다. 물속에 있는 커다란 돌이 물의 흐름을 방해한다면 이 돌이 곧 융통성 없는 마음가짐이다. 어떻게 장애물을 피해 돌아갈지, 어떻게 이득을 얻을지를 머릿속으로 그리며 변화에 맞춰가라. 변화에 좌절하지 말아야 한다.

운동선수가 마주하는 변화를 살펴보자.

- 선발전에서 탈락하는 것
- 체육 특기생 1학년 때 대학을 바꾸는 것
- 팀에서 처음 맡은 포지션을 놓치는 것
- 코칭 스타일이 달라지는 것

- 크게 다치는 것

- 시즌 중간에 다른 팀으로 트레이드 되는 것

- 스포츠 분야에서 은퇴하는 것

운동과 관련 없는 고난은 다음과 같다.

- 부모의 이혼

- 가족의 죽음

- 연인과의 이별

- 재정난

- 룸메이트와의 갈등

- 이사나 향수병

- 학업의 어려움

- 인간관계의 변화

사람들은 역경을 마주치면 부끄러움과 죄책감에 시달리다가 자기 자신을 쉽게 포기해버린다. 분노를 스스로에게 돌려 술이나 약에 의존해 되돌아올 수 없는 길을 건너기도 하고, 자기 관리를 포기하기도 한다. 일부러 사랑하는 사람이나 친구와 갈등을 일으켜 주위 사람이 가장 필요한 순간에 등을 돌려버린다.

파괴적인 변화로 두들겨 맞는 순간 즉시 벌떡 일어나라. 상황을 회피하지 말고, 전혀 낙심하지 않은 것처럼 상황에 부딪쳐라. 한번 회피하기 시작하면 계속 도망가게 된다. 수동적으로 대응하지 말고 적극적으로 나서라.

감정적으로 벽에 부딪혔다고 생각한다면, 주위 사람이나 상담사에게 고민을 털어놓고 필요하다면 도움을 청하라. 올바르다고 생각하는 선택을 하라. 어떤 변화든 긍정적인 방향으로 가도록 흐름을 조정하라. 변화의 방향키는 오로지 당신만이 잡고 있다. 멍하게 누워 있거나 다른 사람에게 상처를 주거나 스스로를 망치고 있다면, 자리를 박차고 일어나 다시 운동을 시작하라. 마지막으로, 기초에 충실하라. 기본은 바뀌지 않는 법이다.

여기에서 말하는 기초란 다음과 같은 것들이다.

- 매일 연습하고 훈련한다.
- 규칙적으로 식사한다.
- 수면 습관을 유지한다.
- 긴장을 풀고 모든 것을 내려놓는 시간을 가진다.
- 긍정적인 감정을 느낀다.
- 주위 사람과 소중한 시간을 보낸다.
- 다른 사람을 도울 기회를 찾는다.
- 인생의 목표를 새로이 하고, 성급한 결정은 피한다.

큰 변화가 일어나거나 장애물, 예를 들어 질병, 부상, 손실 등으로 특정 분야에서 다시 뛸 수 없더라도 너무 낙심하지 마라. 다른 재능을 활용한다면 전혀 생각지도 못했던 분야에서 두각을 나타낼 수 있다.

챔피언이 되려면 인생과 게임 모두에서 금메달을 위해 노력해야 한다. 다른 누군가가 경쟁 상대가 될 수도 있겠지만 제일 막강한 경쟁자는 자기 자신이다. 가장 중요한 이야기다. 스스로에게 물어보라. "지금 진심으로 꿈을 좇아가고 있는가 아니면 관성적으로 움직이고 있는가? 은메달에 만족하는가? 금메달을 향해 필사적으로 움직이고 있는가?"

THE CHAMPION'S MIND

승률을 높이는
멘탈 트레이닝 12

이번 장에서 소개할 기술은 경기장은 물론이고 경기장 밖에서도 유효하며 당신의 능력을 온전히 발휘할 수 있도록 돕는 방법들이다. 이 기술을 완전히 익히는 것이 당신에게 주어진 미션이다. 필요와 상황에 맞게 각각의 기술을 활용하라.

모든 일이 정신력에 달렸다고 보는 관점은 하룻밤 사이에 생기지 않는다. 육체적 기술을 익힐 때와 마찬가지로 학습 과정을 충실히 따라야 한다. 깊게 생각하면서 매일 정신을 훈련하는 '반복'과 자신의 노력을 항상 되돌아보며 자신감을 얻는 '강화' 과정이 필요하다. 이에 통달한 마스터가 되려면, 계획을 지키고 하루에 일정 시간을 할애해 훈련해야 한다. 그래야 튼튼한 기초를 쌓을 수 있다. 이번 장에서 다룰 기술은 아래와 같다.

- 목표 설정: 목표를 생각하고 이를 몸에 새겨라.
- 심상 훈련: 현실로 이루고 싶은 일을 그려보라.
- 자기 대화: 선량한 늑대에게 먹이를 주자.
- 자신감: 자신감 근육을 길러라.
- 집중: 지금 이 순간에 충실하라.
- 호흡 컨트롤: 성과에 새로운 기운을 집어넣어라.
- 정신력: 불편함을 안고 앞으로 나아가라.
- 불안감 극복: 긴장감을 활용하라.
- 즐기기: 스포츠는 즐거워야 한다.
- 보디랭귀지: 근사한 인상을 남겨라.
- 몰입: 적당한 몰입이 중요하다.
- 확언: 동기부여 되는 문구를 마음에 새겨라.

목표 설정: 목표를 정하고 이를 몸에 새겨라

> **목표를 높이 잡아라. 그리고 닿을 때까지 멈추지 마라.**
>
> — 보 잭슨(야구 선수, 1989년 MLB 올스타전 MVP)

운동선수가 꿈꾸는 단기 목표와 장기 목표는 무엇일까? 선수들이
경력을 쌓아 최종적으로 원하는 목표를 예로 들어보자. 대학에서
대표팀에 들어가기, 운동 특기생 장학금 받기, 서브 쓰리 마라톤(세
시간 이내에 뛰는 마라톤) 완주하기, 올림픽에서 금메달 따기 등이 나
올 수 있겠다.

목표는 최대한 정확하고 구체적으로 정의해야 하고, 목표를 달
성하기 위해 무엇을 해야 하는지 분명히 알아야 한다. 이는 매우 중
요하다. 챔피언이라는 타이틀에 걸맞는 성적을 만들어내려면 자신
의 목표가 무엇인지 확실히 알고 신경을 쏟아야 한다.

이렇게 목표를 잡으면 여러 가지 혜택이 따라온다. 특히 성공을
위해 최선을 다하려는 동기, 노력, 의지를 다져준다. 목표가 있으면,
내가 어디에 강하고 어디에 취약하며 어디를 개선해야 하는지도 뚜
렷하게 보인다. 그러면 목적지까지 도달하는 길이 환해진다. 운동
선수로서 당신의 목표가 무엇이건, 목표가 길잡이별이 되어주는 셈
이다. 목표를 마음에 깊이 새기고 매일매일 더 나은 성과를 내기 위
해 혼신의 힘을 다하면 된다.

목표를 높게 잡는 것은 왜 중요할까? 스피드 스케이팅 선수 댄

잰슨은 1994년 릴레함메르 동계 올림픽에서 1,000미터 스피드 스케이팅 금메달을 거머쥐었다. 그리고 선수로 활동하는 동안 무려 여덟 차례 세계 신기록을 경신했다. 그는 목표를 높게 잡는 것이 중요하다면서 이렇게 설명했다. "목표를 '너무' 높게 잡는 일 같은 건 없어요. 목표가 높을수록 더 열심히 하게 됩니다. 달성하지 못해도 괜찮아요. 그저 그 목표를 세우고 100퍼센트의 노력을 기울이면 됩니다."

얼마나 위대한 사람이 되고 싶은가? 얼마나 이기고 싶은가? 어떤 목표가 자신에게 가장 중요한지 파악하고, 이를 글로 풀어내서, 수시로 바라볼 수 있는 침실 벽 같은 곳에 붙여놓고 동기부여를 해주자. 목표에 한 발자국씩 다가가기 위해 전략적으로 움직이자. 즉, 에너지, 노력, 열정을 몽땅 쏟아부어 매일 하나씩 계획을 실행해나가는 것이다.

목표를 어떻게 세웠는지가 결과를 좌우한다. 따라서 신중하게 목표를 설정해야 한다. 나를 객관적으로 바라봐주고 응원해주는 친구, 팀원, 코치, 멘토의 도움을 반드시 받아라. 그리고 자신이 세운 성과 목표를 평가하기 위해 다음의 다섯 가지 질문을 스스로에게 던져보자. 목표가 무엇이든 질문은 똑같다.

- 목표가 구체적인가?
- 측정 가능한 목표인가?
- 내용이 긍정적인가?

- 목표가 당신을 고무시키는가?
- 목표를 (내 주위에서) 눈에 띄도록 했는가?

  3단계 목표 시스템을 추천한다. 금, 은, 동 수준을 구분 짓고, 다음 훈련 시간, 다음 경기, 혹은 다음 시즌에서 어느 정도 달성했는지를 측정해보자. 동은 과거의 성적과 현재 역량을 고려해 꽤 괜찮은 결과가 나왔을 때다. 은은 성적이 눈에 띄게 좋아졌을 때다. 마지막으로 금은 최고의 성적을 거뒀거나, 주요한 돌파구를 뚫었을 때다. 3단계 목표 시스템을 추구하면 하나의 목표를 위해 훈련할 때보다 훨씬 체계적으로 임하게 된다. 이 시스템의 또 하나의 장점은 가장 뛰어난 수준을 어떻게 정할지 제한이 없기 때문에, 목표를 편협하게 잡았다고 스스로를 무시할 수 없다는 것이다. 3단계 목표 시스템이 실제 스포츠에서 어떻게 쓰이는지 사례를 살펴보자.

- 골프 선수가 스윙 코치와 함께 다음 시즌을 준비 중이다. 현재 핸디캡(실력이 뒤처지는 선수의 타수를 득점에서 공제해주는 방식으로 핸디캡이 많을수록 아마추어이고 적을수록 실력이 좋다)이 15라면 구체적인 숫자로 핸디캡 목표를 세운다. 15에서 13.5 사이는 동이고, 13.4에서 10.4 사이는 은이다. 10.39 이하로 내려가면 금을 준다.

- 100미터를 10.5초에 뛰는 육상 선수가 트랙 코치와 다음 경기에서 어느 수준의 성과를 기대하는지 논의한다. 10.6초와 10.5초 사이는 동이고, 10.49초와

10.4초 사이는 은이다. 기록이 10.39초 이하로 내려간다면 금이다.

• 농구 선수가 자유투 실력을 늘리기 위해 평소 훈련 외에 추가로 연습한다. 100개의 볼을 던지면 80퍼센트가 골대로 들어간다. 75개에서 80개를 성공하면 동이고, 81개에서 85개를 성공하면 은이다. 86개 이상을 성공하면 금이다.

올림픽에서 세 개의 메달을 딴 수영 선수 개리 홀 시니어는 목표 설정을 다음과 같이 생각한다.

"목표를 설정할 때 가장 중요한 점은, 이를 직접 써 내려가야 한다는 것과 매일 볼 수 있는 곳에 붙여놔야 한다는 겁니다. 화장실 거울이나 냉장고 문을 추천하고 싶어요. 매일 들여다볼 수밖에 없거든요. 열여섯 살에 처음으로 올림픽을 준비하던 시절, 코치는 내가 매일 사용하는 킥보드(물차기 연습용 보드)에다가 목표를 잔뜩 써놨어요. 목표에서 결코 도망칠 수가 없어서 목표에 따라 꾸준히 훈련했더니 어느새 올림픽에서 메달을 받았더군요."

심상 훈련: 현실로 이루고 싶은 일을 그려보라

> 먼저 마음으로 보고, 그다음에는 눈으로 보고, 마지막에는 몸으로 봐라.
>
> ─ 야규 무네노리(검술가)

심상 훈련은 모든 감각을 이용해서 새로운 스포츠 기술과 전략을 개발하고 배우는 것을 말한다. 또한 성공을 그려보는 것 역시 심상이다. 경기의 일부 혹은 전체를 머릿속으로 떠올리면서 가장 이상적인 성과를 상상하는 일종의 정신적 리허설이다. 정신적 기술을 단련하는 것은 신체적 기술이 향상되는 과정과 비슷하다. 신경쓰면서 연습할수록 실제 성적이 좋아진다. 그래서 시각화는 단순한 백일몽과는 완전히 다르다. 이 연습은 체력 단련과 마찬가지로 제대로 된 훈련 체계와 엄격한 규율하에 이루어져야 한다. 그래야 최대 효과가 나온다.

심상 훈련이 성과에 어떤 영향을 끼치는지 다양한 실험들이 진행되었다. 1983년 스포츠 심리학 분야의 권위자 데보라 펠즈 박사와 대니얼 랜더스 박사는 정신 훈련 분야를 면밀하게 살펴보고, 성과를 향상할 목적으로 심상 훈련이 확실한 효과가 있다고 결론 내렸다. 연구 결과에 따르면, 심상 훈련은 정신을 활용하는 방법 중에 가장 강력한 수단이다.

심상 훈련을 한다고 해서 항상 최고의 성적을 거두는 것은 아니다. 하지만 심상을 완벽하게 익히면 성공할 확률이 높아진다. 구체적으로 말하자면, 심상화는 머릿속에서 그려지는 청사진을 상세하게 하고, 지금 하려는 신체 활동의 목적에 맞게 근육 기억을 강화한다. 그 결과 성과가 좋아진다. 올림픽 선수들이 심상 훈련을 운동 프로그램의 중요한 부분으로 여기는 이유도 다 여기에 있다.

두뇌는 상상과 현실을 분명하게 구분 짓지 않는다. 둘 다 두뇌의 같은 부분을 사용하기 때문이다. 누군가 자신을 쫓아오는 악몽은 다들 한 번씩 꿔봤을 것이다. 몸은 침대에 편히 누워 있으면서도 우리는 공포에 질려 눈을 뜬다. 숨을 가쁘게 내쉬고 심장은 거세게 쿵쾅거린다. 모든 경험은 마음속에 있었지만, 꿈을 꾼 사람은 현실의 추격전에서 느낄 법한 신체 반응을 보인다.

신경학자이자 스포츠 심리학자 헨리 '햅' 데이비스 박사는 뛰어난 운동선수들을 대상으로 자신이 성공하거나 실패한 영상을 볼 때 두뇌에서 나타나는 반응을 연구했다. 우수한 성적을 거둔 동영상을 본 운동선수는 오른쪽의 전운동 피질이 활발하게 움직였다. 이곳은 행동을 계획하는 곳이다. 실패한 영상을 본 선수는 성공한 영상을 본 선수보다 전운동 피질의 움직임이 활발하지 않았다.

탁월한 성과를 그려보고, 그 결과를 얻기 위해 어떤 단계를 밟아야 하는지 상상해보라. 마음속으로 더할 나위 없이 분명한 이미지를 그려보고, 얻고자 하는 것에 대한 물리적 감각을 살려보자. 머릿속 세계에서 시각, 청각, 후각, 촉각을 상상하고, 경기를 마치면 어떤 감정을 느낄지 생각해보라. 이미지를 분명하게 하고 통제하는 능력은 연습할수록 향상된다.

심상 훈련을 할 때에는 직접 참여하는 사람(선수)의 관점에서 3D로 경험을 투영해보라. 제삼자(관객)의 시각에서 보는 것으로는 충분하지 않다. 이 연습을 하는 이유는 보고, 느끼고, 즐기기 위해서다. 자신의 눈으로 목표를 달성하는 것을 지켜보고 경험해야 한다. 성공적인 심상 훈련을 위해 다음 세 가지를 지키자.

- 자신이 성공적으로 성과를 내는 것을 분명하게 본다.
- 자신이 챔피언답게 성과를 내는 것을 마음 깊숙이 느낀다.
- 승리하는 자신을 보고 느끼며 이 경험 자체를 즐긴다.

NFL(내셔널 풋볼 리그)의 한 펀터(미식축구에서 공이 땅에 닿기 전에 멀리 차는 선수)와 함께 일한 적이 있었는데, 그는 마치 웨이트 훈련을 하듯 마음을 훈련했다. 먼저 매일 10분 동안 복식호흡을 하며 마음의 평온을 찾는다. 그리고 다양한 경기 상황과 날씨의 조건(최선, 보통, 최악의 상황으로 구분해서)에 따라 자신이 성공적으로 펀트하는 모습을 상상한다. 실수 하나 없이 매끄럽게 움직이며, 프로답게 모든 역경을 넘어서는 장면을 마음속으로 미리 겪는 것이다. 그는 사전에 경기장을 파악해두었기 때문에 경기장에 있는 자신의 모습을 쉽게 그려낼 수 있다.

2006년 토리노 동계 올림픽 스켈레톤 금메달리스트 더프 깁슨은 경기에 앞서 심상화를 어떻게 활용했는지 내게 말해주었다.

"스켈레톤에서는 심상화가 핵심입니다. 고속도로를 달리는 차보다 빠르게 얼음길을 내려가기 때문에 성공은 물론 안전을 위해서도 그 순간에 온전히 집중해야 합니다. 다른 훈련과 마찬가지로 심상화는 하면 할수록 잘하게 됩니다. 연습을 꾸준히 하면 집중력이 높아지는 동시에 특정 트랙에서 어떻게 턴을 돌지 마음속으로 준비할 수 있습니다. 심상화를 활용하니 썰매 위에서 긴장이 풀리더군요. 스켈레톤에서는 긴장을 풀어야 속도가 빨라질수 있습니다."

스티브 바클리는 창던지기 종목에서 세계 신기록을 보유했을 뿐아니라 유럽 챔피언십에서 네 개의 금메달을 따낸 화려한 경력의소유자다. 그에게 가장 도움이 된 강력한 심리 기술은 무엇이었냐는 질문을 던졌을 때 들은 대답이다.

"딱 하나를 꼽기란 정말 어려워요. 서로 다른 시기에 가장 적절한 기술은 여러 가지가 나올 수 있거든요. 하지만 가장 중요한 것을 꼭 꼽으라면, 언제 무엇을 해야 할지 제대로 알아야 한다는 거예요. 그것을 기준으로 볼 때 심상화 능력은 정말 중요해요. 자기가 정확히 무엇을 달성하려고 하는지, 마치 고화질 비디오를 찍는 것처럼 머릿속으로 미래를 그려보는 겁니다. 올림픽 게임을준비하는 마지막 단계에 부상을 입은 적이 있어요. 운이 없었죠.하지만 그 덕에 사전에 경기를 완벽하게 준비할 끝내주는 기회를 얻었습니다. 1996년도 올림픽을 대비해 이런 종류의 심상화를 연습했어요. 몸을 움직여 훈련하는 대신 마음으로 훈련한 거죠. 그 결과 훌륭한 기량을 선보이고 은메달을 땄어요. 금메달보다 값진 은메달이었죠."

매주 두세 번씩, 10~15분에 걸쳐 정신을 훈련하라. 개발해야 하는 특정 기술을 고르거나 각양각색의 상황을 생각하면서, 어떻게 경기가 끝날지 다양한 각본을 짜보라. 마라톤 기록을 단축하거나, 9회 말에 세 명의 타자를 모두 삼진으로 잡아내거나, 마지막 버저(농구나 핸드볼 등의 경기에서 각 쿼터의 종료를 알려주는 신호음)가 울리는 순간에 게임의 승패를 결정짓는 샷을 날리는 모습 등을 그려보자.

아주 짧은 정신 훈련 역시 유용하다. 바쁜 일상 중 한숨 돌리는 시간, 경기 전날 밤 등이 이런 훈련을 하기에 더할 나위 없이 좋다. 아예 훈련 프로그램의 일부로 정해놓고 지키자. 특히 몸풀기 전에 규칙적으로 하는 것이 바람직하다. 예를 들어 토너먼트 경기를 하는 골퍼라면, 골프채를 휘두르기 전마다 근사한 샷을 쳐내는 장면을 머릿속으로 그리고 그 감각을 충분히 느껴보자.

정신 훈련 연습을 실제로 해보자. 허리를 곧게 펴고 의자에 앉아라(침대나 바닥에 누웠다가는 졸릴 수 있다). 눈을 감고 호흡에 집중해보자. 숨을 천천히 코로 들이마시고 천천히 입으로 내쉬어라. 마음을 가라앉히고 몸의 긴장을 풀어야 한다. 농구의 자유투나 테니스의 킥 서브(서브를 할 때 공에 세로로 회전력을 주어 상대편이 낙하지점을 포착하기 어렵게 하는 기술) 등 구체적인 기술을 골라 그려보자.

주위 환경을 심상화해보라. 머릿속으로 시각적 장면과 소리를 적극적으로 그려보자. 발목이나 무릎의 탄성, 호흡의 깊이, 들고 있는 라켓이나 공의 무게, 공에 스핀을 주거나 바닥에 공을 튀길 때마다 그 무게가 어떤지 느껴보자. 몸의 육체적 감각에 집중해보자.

공을 던지거나 서브하기 전에 늘 하는 습관을 시각화하라. 예를 들어 볼을 세 번 튀기거나, 숨을 깊게 들이마시거나, 목표를 뚫어져라 본다고 상상하라. 숨을 깊게 마시고 공기가 몸속을 돌아다닌다고 상상하라. 움직이는 순간마다 자신이 구사하는 기술을 온전히 보고 느끼고 즐겨라. 모든 움직임을 그려내는 데 신경을 집중하고, 골대에 힘차게 공을 꽂아버리거나 깔끔하게 서브하는 모습을 그리면서 마무리하자.

세 번 연속으로 이런 상상을 하면서 신경을 집중하고 긍정적인 결과를 그려보자. 하다 보면 골을 넣지 못하거나 네트에 볼이 걸리는 모습이 떠오를 수도 있다. 집중할 수 없다면, 제대로 해내는 모습을 끝까지 그려볼 수 있을 때까지 계속 정신을 훈련해야 한다. 꾸준히 하다 보면 경기를 앞두고 의지를 잃고 흔들리는 자신을 다잡을 수 있다.

자기 대화: 선량한 늑대에게 먹이를 주자

> 무엇을 생각하는지, 마음이 어떤 상태인지에 따라
> 모든 것이 크게 달라진다.
>
> ─ 윌리 메이스(야구 선수, MLB 내셔널리그 12년 연속 골드글러브)

체로키 인디언에게 전해져오는 이야기가 하나 있다. 크면 전사가 될 손자에게 할아버지가 전해주는 사람의 마음속에 존재하는 두 마리 늑대에 관한 이야기다. 첫 번째 늑대는 긍정적이고 은혜로운 존재지만, 다른 늑대는 부정적이고 파괴적이다. 이들은 우리를 지배하기 위해 열심히 싸운다. 궁금해진 아이는 할아버지에게 묻는다. "어떤 늑대가 이기나요?" 할아버지가 대답해준다. "네가 먹이를 던져주는 늑대가 이기지."

생각이 감정을 결정짓는다면, 감정은 성과에 영향을 미친다. 따라서 자신과 경기를 더욱 긍정적으로 바라보는 습관을 들여야 한다. 즉, 항상 선량한 늑대에게 먹이를 줘야지, 악랄한 늑대에게 밥을 줘서는 안 된다! 이는 인생에서 가장 중요한 교훈이며 스스로에게 강력한 힘을 선사한다. 선택은 오롯이 자신의 몫이다.

선량한 늑대에게 밥을 주려면 머릿속에 저절로 떠오르는 부정적인 생각을 먼저 구분할 줄 알아야 한다. 운동선수가 흔하게 하는 이런 생각으로는 "난 정말 못 해", "나는 아직 너무 부족해", "난 이 팀에 속할 자격이 없어" 등이 있다. 운동선수가 아니라도 누구나 때때로 그런 생각을 한다. 잠시 시간을 할애해서 연습하거나 경기를 할 때 마음속에 드는 생각, 자신의 기량에 대한 의심이 무엇인지 파악해보자.

그다음 선량한 늑대에게 먹이를 주고, 자신을 비판하는 생각에 반기를 들고, 기운을 북돋아주는 생각을 해보자. 예를 들어 "나는 자격이 없어"라는 생각을 지워버리고, "어디 한번 해보자고!"를 외쳐보는 것이다. 마음속에서 자신을 실패자라고 여기는 것은 앞으로 나아가는 데에 하나도 도움이 되지 않는다. 자신의 사고 체계를 주도적으로 확실히 휘어잡아야 한다. 이렇게 정신의 근육을 키우고, 기분을 나아지게 하고, 더 나은 성적을 거둘 수 있도록 한 걸음 더 나아가자.

나쁜 늑대는 경기 중간중간에도 슬그머니 머리를 들이민다. 그럴 때는 나쁜 늑대가 내 마음을 독식하지 못하도록 제어해야 한다. 마음속으로 '자기 대화'를 시도하자. 한 단어나 짧은 문장을 스스로에게 되뇌는 것이다. 이 문장은 최대한 긍정적이어야 한다. "페널티를 먹었군. 나도 모르게 긴장할지도 몰라. 크게 심호흡하자. 리셋 버튼을 누르고 마음속에서 그 기억을 지워버려. 페널티는 이미 먹었고, 어쩔 수 없는 일이야. 이 다음에 내가 어떻게 할지가 더 중요해. 새로운 마음으로 자신감을 갖자." 야구나 축구처럼 빠르게 움직여야 하는 경기라면, 천천히 자신을 타이를 시간은 없다. 그럴 때는 마음속으로 "자, 다음!"이라고 짧게 외치는 것만으로도 도움이 된다.

자기 대화의 내용은 당신만의 특수 상황과 경쟁 컨디션에 따라 달라진다. 경기 전에 이를 효과적으로 하려면 다음의 다섯 가지를 명심해야 한다.

- 명료하고 분명하고 강력해야 한다.
- 자신감을 불어넣기 위해 이전의 성공을 떠올린다.
- 최고의 성적을 내려면 어디에 집중할지 알아야 한다.
- 오로지 얻을 것만 있고 잃을 것이 없다는 사실을 기억한다.
- 매 순간을 즐기기 위한 결정을 내린다.

경기를 앞둔 코치가 선수의 동기부여를 위해 했던 말을 들어보자. 위의 다섯 가지가 이 연설에 어떻게 녹아 있는지 주의 깊게 살펴보라. 코치라면 어떻게 선수를 움직이게 하는지 잘 알아야 한다. 그렇지 않으면 팀의 사기를 진작시키기는커녕 의도치 않게 의지를 꺾어버리는 사태가 발생한다.

첫 번째 연설은 미식축구 팀 플로리다 게이터스의 빌리 도노반 감독이 UCLA 브루인스 팀을 상대로 경기를 치를 때 한 말이다. 이날 게이터스는 브루인스를 상대로 승리를 거뒀다.

"오늘 밤에 과거나 미래는 전혀 상관없다. 지금 이 순간이 중요할 뿐이다. 오늘 밤이 영원하기를 바라야 한다. 오늘 밤 내내 달리고, 경기하고, 수비해야 한다. 지금 이 순간을 살아야 한다. 고난도 있고 도전도 있을 것이다. 하지만 바로 이 고난과 도전이 우리를 하나의 팀으로 이곳까지 인도해주었다. 지금 이 순간을 살아라. 매 순간을 감사히 여겨라. 자, 나가서 하나의 팀으로 경기를 해라."

다음은 대학 농구 팀 캔자스 제이호크스의 감독 빌 셀프의 연설이다. 이 팀은 2008년 NCAA 챔피언십 결승전에서 타이거스 팀을 상대로 예상외의 승리를 거둔다. 많은 사람이 타이거스의 우승이 훨씬 유력하다고 점쳤음에도 말이다. 셀프 감독의 말을 들어보자.

"올해는 믿을 수 없을 만큼 굉장한 한 해였어. 우리가 캔자스 농구 역사상 가장 많은 승리를 거둔 팀이 되었지. 생각해봐. 캔자스 농구 역사상 가장 많은 승리를 거둔 팀이라고! 그 누구도 이 사실을 우리에게서 빼앗지 못해. 그 누구도 말이야. 그러니 우리는 오늘 밤 잃을 게 하나도 없어. 단 하나도. 하지만 많은 것을 얻을 수 있지. 오늘 밤 우리가 승리한다고 자신하는 이유는 우리가 바꿀 게 단 하나도 없어서야. 39번의 경기를 하면서 열심히 싸우고, 수비하고, 다시 리바운드하면서 얼마나 많은 점수를 뽑아낼 수 있는지 분명히 보여줬어. 우리 자신의 모습을 그대로 보여주기만 해. 자, 이제 나가서 즐겨보자고!"

자신이 뛰어난 수영 선수라고 상상해보자. 유력한 경쟁자와 일

대일로 경기를 하기 직전, 당신은 대기실에 앉아 있다. 다른 우수한 선수가 옆에 있는 것을 의식하자 사악하고 거대한 늑대가 울부짖기 시작한다. 이 늑대를 어떻게 물리칠 것인가? 눈앞에 놓인 경기와 관련된 생각을 하거나 긍정적인 사고 과정을 거친 자기 대화를 하나 살펴보자.

"좋아, 심호흡을 하면서 집중하자. 잘 준비해왔고, 경기할 준비가 됐어. 내 경쟁자는 나를 이겨야 하지만 나는 그를 이기겠다고 덤빌 필요가 없어. 내 실력대로만 하면 되거든. 몇 번이고 내 손이 벽에 먼저 닿는 순간을 그려왔잖아. 빠르게 수영해서 최고의 성적을 거두는 데만 집중할 시간이야. 내 실력을 믿고, 최선을 다해 턴을 돌고, 결승선으로 손을 한껏 뻗어서 도착할 거야. 잃을 것은 없고, 얻을 것만 있지. 매 순간을 소중히 하자. 갖고 있는 모든 것을 *끄집어내고 자유롭게 움직이자!*"

그리스 테살리대학교의 안토니스 하치조지아디스 박사와 동료들은 과거에 발표된 32개의 스포츠 심리학 연구에 대해 메타분석 (동일하거나 유사한 주제로 연구된 많은 연구물의 결과를 종합해 고찰하는 연구 방법)을 진행했다. 연구 결과에 따르면 자기 대화는 스포츠 성적을 극적으로 개선한다. 하치조지아디스 박사는 "마음이 행동을 지휘합니다. 생각을 다스릴 수 있다면, 행동도 개선됩니다"라고 말한다.

더불어 연구자들은 다양한 과업에 자기 대화를 활용했다. 골프처럼 섬세한 몸동작이 필요한 분야에서 자기 대화로 지침을 내리는 것("어깨를 완전히 돌려")은 동기부여하는 자기 대화("내가 최고야")보다 더 효과적이다. 반대로 힘이나 인내력이 필요한 분야, 예를 들어 달리기나 사이클링에서는 동기부여적 자기 대화가 더 잘 먹혔다. 또한 이미 습득한 일보다는 새로운 일에서 자기 대화의 효과가 높았고, 초보자는 물론 경험이 많은 운동선수도 이 방법으로 성과가 개선됐다.

부정적인 생각을 모두 제거할 수는 없지만, 이런 생각에 이의를 제기하고 긍정적이고 유용한 생각으로 부정적인 생각을 바꾸는 힘은 오로지 당신의 손아귀에 있다. 앞으로도 계속 이야기하겠지만, 움직이는 그 순간 의식적인 사고를 초월해서 자신이 내는 성과를 온전히 경험하는 것(몰입, 혹은 자아를 망각한 상태에 도달하는 것)이 최종 목표다. 생각의 질을 높이고 마음을 차분히 가라앉힐 방법을 찾아라. 챔피언의 성과를 내려면, 항상 선량한 늑대에게 먹이를 줘야 한다!

자신감: 자신감 근육을 길러라

> 스트라이크를 당할 때마다 다음의 홈런에 한걸음 가까이 다가간다.
>
> — 베이브 루스(야구 선수, MLB 아메리칸리그 홈런왕 12회)

우수한 운동선수에 대한 일화나 스포츠 심리학 연구 결과만 봐도 운동선수로 성공하려면 자신감이 필수라는 사실을 누구나 안다. 너무나 기본적인 마인드라는 뜻이다. 자신감은 자신의 기술, 준비, 역량에 대한 강한 신뢰다. 전설적인 테니스 선수 존 매켄로는 힘든 상황에서도 자신감을 갖는 것이 위대한 선수의 표식이라고 했다. 성공하려면 자기 자신부터 믿어야 한다.

그러나 진정한 자신감은 쉽게 얻을 수 없다. 골프의 전설 잭 니클라우스는 철저한 사전 준비로 자신감을 쌓아 올렸다. 특히 매년 열리는 네 번의 주요 토너먼트를 확실히 준비했다.

주요 메이저 대회에서 우승한 뒤 진행된 인터뷰에서 니클라우스는 이렇게 말했다. "준비가 되어 있다면, 우승할 것이라고 항상 기대하죠." 경기를 위한 자신감에는 두 가지가 필요하다. 첫째, 과거의 성공 경험에서 비롯한 검증된 성과. 둘째, 양과 질 모두를 만족하는 준비.

한때 100미터 세계 신기록 보유자였던 단거리 육상 선수 모리스 그린은 "2인자처럼 훈련하고 1인자처럼 경쟁하라"라고 말했다. 경기 당일, 자신이 그동안 훈련한 기술과 힘을 최대한 활용하기 위해서는 자신감 있게 경기해라. 과거의 성공을 계속해서 떠올리고, 코치와 팀원들이 건네는 격려의 말을 감사히 여겨라. 자신의 강점에 집중하는 동시에 경쟁자의 약점에 초점을 맞춰라. 그 반대로 움직여서는 안 된다.

기대를 넘어서거나 기량을 최대한 발휘한 과거 상황을 생각하라. 그때와 지금 이 순간이 얼마나 비슷한지 파악하고 기억하라. 스스로에게 말을 건네라. "과거에도 해냈다면 지금도 할 수 있지." 자신의 성과에 집중하고, 원하지 않는 결과는 생각조차 하지 마라.

챔피언이 되려면 성공은 길게 기억하고 실패는 짧게 기억하는 선택적 기억력이 중요하다. 모든 운동선수가 실패를 경험하기 마련이지만, 챔피언은 실패에 머무르지 않는다. 그들은 긍정적인 경험에 집중하고, 자신 있게 앞으로 나아간다.

알제리 출신 중거리 달리기 선수 누레딘 모르셀리는 경쟁자가 아무리 강해 보여도 자신의 재능을 온전히 믿었다. 1996년 애틀랜타 올림픽 1,500미터 경주에서 금메달을 획득한 그는 나이키 광고에서 "달리는 순간, 나는 너무 궁금하다. 누가 2위가 되고 누가 3위가 될까?"라고 말한다.

지나친 자신감을 경계하라는 이야기도 있다. 운동선수나 팀이 큰 점수로 앞서고 있다가 이를 놓치거나 훨씬 못하는 팀에게 지는 경우, 현 상황에 안주하려는 태도가 원인일 가능성이 크다. 그러나 자신의 능력을 최대치로 끌어올리기 위해 꾸준히 훈련하고 경기 중에 절대로 의지가 꺾이지 않는다면, 자신감이 지나치게 큰 것은 문제가 되지 않는다. 자신감을 가지되 안주하지 않는 균형감을 유지한다면, 이보다 더 좋은 멘탈은 없을 것이다.

아래의 질문으로 자신을 돌아보자. 앨버트 반두라 박사가 1970년대 중반에 발표한 시대를 앞선 연구로 자기효능감을 다룬 내용이다. 이 질문들은 자신의 성과를 점검하고, 긍정적인 피드백을 되살리며, 그 운동 분야의 영웅을 모델로 삼아 되새기게 하고, 자신의 능력을 상기해준다. 자신감이 떨어질 때마다 아래의 일곱 가지 질문에 답을 해보자. 잃었던 자신감이 금세 생겨날 것이다.

- 지금까지 자신의 분야에서 마주친 가장 큰 도전은 무엇이고, 이를 어떻게 극복했는가? 큰 부상에서 회복한 것, 슬럼프를 이겨낸 것 등이 답으로 나올 수 있다.
- 지금까지 얻은 가장 뛰어난 성적을 말해보라. 그 성과가 불러왔던 영광의 순간, 마법 같던 기억을 생생하게 떠올려보라. 정상에 오르는 데 무엇이 도움이 되었는가? 게임, 매치, 혹은 경주를 하면서 무엇을 생각하고 느꼈는가?
- 운동선수로서 자신의 대표적인 강점이나 특징 세 가지를 떠올려보라. 솔직하게, 지나치게 겸손하지 않게 대답하라. 윤리 의식, 강건한 정신, 집중력 등이 있다.
- 듣고 나서 뿌듯함을 느낀 칭찬 세 개를 꼽아보라. 팀에서 가장 열심히 운동한다고 말해준 코치, 가장 꺾기 어려운 상대였다고 말했던 경쟁자, 경기장에서 전사처럼 보인다고 격려해준 팀원 등이 기억날 것이다.
- 내가 눈앞에 놓인 도전을 헤쳐나가거나 가장 원대한 꿈을 이루더라도 조금도

놀라지 않을 사람은 누가 있을까? 어머니, 아버지, 형제자매, 조부모님, 코치, 팀원 혹은 친구 등이 머릿속에 떠오를 것이다.

- 자신이 따낸 상이나 성취를 세 가지 들어보자. 개인 혹은 팀이 얻어낸 트로피, 운동 장학금, 가장 뛰어난 성적 등을 떠올리면 된다.

- 따라 하거나 흉내 낼 수 있는 영웅이나 롤모델(어린 시절의 영웅도 괜찮다) 세 명을 떠올려보라. 어려운 상황을 엄청난 결단력으로 이겨낸 선수들 가운데서 자신이 가장 좋아하는 선수를 생각해내라. 기억하라. 다른 사람의 위대함을 알아볼 수 있다면, 당신에게도 역시 그 위대함이 숨어 있다.

집중: 지금 이 순간에 충실하라

> 지금 이 순간, 바로 이곳.
>
> ─ 댄 밀먼(체조 선수)

집중 혹은 선택적 관심은 다른 모든 것을 잊고 지금 당장 앞에 놓인 일에 자신을 온전히 바치는 것을 말한다. 스포츠에서 쓸모없는 정보를 걸러내고 목표, 양궁 사격대의 흑점이나 골프의 깃발에 초점을 맞추려면 집중력이 필요하다. 어떤 방해물이든 완전히 무시하고 지금 당장의 목표에 최대한 집중해 이기는 것이 가장 바람직하다.

올림픽 역사상 가장 많은 메달을 획득한 마이클 펠프스는 수영장 레인으로 걸어갈 때마다 헤드폰을 쓰고 자신만의 세계로 들어간다. 최선을 다해 수영하겠다는 생각 외에는 아무것도 안중에 없다. 펠프스는 완벽한 집중력으로 수영 분야에서 전례 없는 기록을 남겼다. 자신의 책『나를 일으켜 세우는 힘, 노 리밋츠』에서 펠프스는 집중이 왜 중요한지 아래와 같이 썼다.

"집중하면, 그 일을 해내려고 하는 나를 그 어떤 것, 그 어떤 사람도 막아설 수 없다. 정말 없다. 간절하게 원하면, 이를 해낼 수 있다고 느낀다."

당신은 경쟁하면서 어디에 집중하는가? 방해물에 마음을 빼앗기는가? 목표만을 바라보는가? 매 순간에 100달러짜리 집중이 운동선수에게 주어진다고 가정해보자. 그 선수는 자신이 원하는 대로 이 돈을 쓸 수 있다. 경기 중에 마음속 혹은 외부 환경에 정신이 팔려 1달러를 쓴다면, 자신의 능력을 온전히 발휘할 수 없기 때문에 1달러를 내다 버린 거나 매한가지다. 이 100달러를 다른 방해요소가 아니라 경기에 온전히 투입해야 한다. 예를 들어, 축구 골키퍼는 순간순간마다 공을 눈으로 좇으면서 경기에 집중해야 한다. 골을 허용하거나 옥외 관중석 또는 상대편 벤치를 보면서 반응을 살피는 것은 경기가 아닌 다른 것에 정신이 팔린 것이다. 오로지 집중만이 방해물을 자신의 시야에서 없앨 수 있다. 방해는 외부와 내부, 두 가지 형태로 나타난다.

외부 방해 요소의 예

- 관중의 함성

- 카메라 플래시

- 안내 방송

- 득점판

- 그림자

- 상대편이 던지는 트래시 토크(심리전의 한 수단으로 상대의 기를 죽이기 위해 던지
  는 말)

- 나쁜 날씨

내부 방해 요소의 예

- 배고픔

- 갈증

- 피로

- 부정적인 생각

- 부정적인 감정

- 지루함

이 예들은 당신이 방해 요소라고 인식할 때 정말 방해 요소가 된
다. 그러니 그저 신경 쓰지 마라. 소리를 무시하라(커다란 나쁜 늑대
가 내는 소리라도 말이다). 오로지 호흡과 몸에 집중하라. 골프 클럽,
하키 스틱, 야구 배트, 테니스 라켓을 잡은 손의 긴장을 풀어라. 지

금 이 순간에 느끼는 오감을 전적으로 신뢰하고 이 순간에 머물러라. 현재에 충실하라.

단순하게 사고하고, 지금 이 순간 어떤 일이 벌어지고 있는지 집중하라. 과거나 미래에 대한 생각은 희뿌연 안개지만 지금 여기 이 순간에 대한 생각은 선명한 하늘이다.

현재에 머무르면 자신의 기술을 온전히 발현할 수 있다. 다른 것은 전혀 중요하지 않게 되고, 목적을 최우선으로 두고 최선을 다하기 위해 집중하게 된다. 그 결과 마음이 자유로워지고 경험 자체를 즐기게 된다.

온전히 현재에 머무르면 자신이 곧 성과라고 인식하게 된다. 마음은 자아를 의식하지도 않고, 경쟁자 혹은 관객이 무엇을 생각하는지, 무엇을 하고 있는지 전혀 신경 쓰지 않는다. 그러나 현재에 머물지 못하면 지금 하는 일을 한 발자국 늦게 깨닫는다. 무슨 일이 일어나는지 판단하느라 계속 순간에 몰입하지 못한다.

세계 최고의 암벽 등반가 크리스 샤마는 등반하는 그 순간에만 모든 에너지를 쏟아붓고 자기 자신을 완전히 잊는다고 한다. 당신도 무엇을 하건 지금 하는 일에 빠져들어 자기 자신을 잊을 정도로 몰입해야 한다.

쉬운 일은 아니다. 현재에 집중하겠다고 마음먹어도, 마음이란 것은 이내 다른 데로 관심이 흘러가고 집중력은 약해진다. 머릿속은 끊임없이 과거나 미래로 향하려고 한다. 집중이 흩어지는 것을 깨달을 때마다 "지금 이 순간에 머물러!"라고 끊임없이 생각하고,

"지금!"이라고 외쳐야 한다. 지금 해야 하는 일과 관련 없는 생각에 많은 시간을 할애해선 안 된다. 마음이 현재에 머무르는 능력에도 연습이 필요하다는 것을 기억하자.

호흡 컨트롤: 성과에 새로운 기운을 집어넣어라

> **호흡에 따라 최고의 성과가 나오기도 하고 최악의 상황에 처하기도 한다.**
> — 캐롤라 스피즈(호흡법 강사)

호흡의 중요성은 아무리 강조해도 부족하다. 깊고 리드미컬하게 호흡해서 최고의 에너지 수준을 유지하라. 제대로 숨 쉰다는 것은 지금 이 순간에 충실하다는 것과 같다. 지금 바로 숨을 깊게 들이마시고 천천히 내뱉는 연습을 해보자. 숨을 깊게 들이마시면서 배를 한껏 부풀리고, 숨을 내쉬면서 어깨를 떨어뜨리고 배와 턱의 긴장을 풀어보자.

화가 나거나 긴장하면 호흡이 가빠진다. 그러면 들어오는 산소의 양이 줄어들고 근육이 수축된다. 이럴 때는 깊은 호흡이 가장 효과가 좋다. 숨을 들이마신 시간에 상관없이 내뱉는 시간을 늘리면 몸이 이완된다. 제대로 호흡하면 스트레스와 긴장이 줄어들고, 현재에 집중할 수 있다.

정신을 훈련하기 위해 깊은 호흡을 연습하는 운동선수와 코치는 아주 많다. 시카고 불스와 로스앤젤레스 레이커스의 감독으로서 NBA에서 11번을 꿰찬 필 잭슨을 떠올려보라. 그는 깊은 호흡이 무척 중요하다고 선수들에게 끊임없이 강조한다. 특히 경기 직전이나 쿼터 사이에는 반드시 심호흡을 하라고 신신당부한다.

하루 종일 자신이 어떻게 숨을 쉬는지 신경 써서 살펴보라. 복식 호흡을 하는가, 가슴으로 짧게 숨 쉬고 마는가? 호흡이 깊은가, 얕은가? 몸 중심에서부터 깊게 호흡을 하려면 다음의 세 가지 단계를 따라 하면 된다.

① 1에서 5까지 세면서 코로 숨을 들이마신다.
② 1과 2를 세면서 숨을 참는다.
③ 1에서 8까지 세면서 입으로 숨을 내쉰다.

들이마시면서 마음속으로 다섯을 세고, 둘을 세면서 숨을 참고, 여덟을 세면서 숨을 내쉰다. 이렇게 15초 동안 호흡하는 것을 네 번 반복하면 1분 호흡법이 완성된다. 괜찮다면 계속해서 반복해도 좋다. 긴장하거나 기분이 나빠지거나 자기도 모르게 부정적인 생각을 할 때 이 호흡법을 훈련해보자. 그러면 심장 박동이 느려지고 생각이 차분해지며 마음속이 고요해진다.

자리에 앉아 호흡을 조용히 따라 하는 것 외에 아무것도 하지 말고 가만히 있어보자. 호흡에 귀 기울이면 숨쉬기를 역동적으로 느끼게 된다. 집중력이 쉽게 분산되거나 반드시 무엇인가를 해야 한다고 느끼는 사람일수록 호흡 훈련 효과가 높다.

현재와 전혀 상관없는 생각은 집중력을 흐린다. 조용하고 분명해진 마음에는 강력한 힘이 있다. 하루 동안 깊게, 온전히 숨을 느끼며 호흡하라. 현재에 집중하고 미래를 상상하지 않는다면, 불안하고 두려울 일도 없다.

정신력: 불편함을 안고 앞으로 나아가라

> **강건한 정신은 운동선수에게 가장 중요한 자질이다.**
> — 미아 햄(FIFA 올해의 여자 축구 선수 2회)

이를 악문다고 해서, 더 열심히 하고 더 생각하고 더 집중하려고 눈을 부릅뜬다고 해서, 누군가 "정신 차려!"라고 소리친다고 해서 정신력이 강해지지는 않는다. 정신력은 상황이 최악으로 치닫더라도 긍정적이고 역동적으로 마음먹는 상태를 뜻한다.

정신력은 힘든 일을 반복하면서 강해진다. 특히 하고 싶지 않은 일을 계속 해나갈 때 더욱 단단해진다. 정신력이 강해지면 컨디션이 좋지 않은 날에도 영향을 받지 않고 해오던 대로 밀고 나아갈 수 있다. 방해 요소, 불편함, 난관은 챔피언을 방해할 수 없다.

이토록 끈질긴 정신력을 가지려면, 걸리적거리는 느낌, 상당한 불편함과 불안함을 안고 계속 앞으로 나아가야 한다. 그래야 정상에 도달한다. 간절하게 무언가 바란다면, 가질 때까지 손을 놓아선 안 된다. 정신력은 특정한 순간에 나타나기도 하지만 장기적으로 커리어의 성공 전반에 걸쳐 나타나기도 한다. 힘든 일을 계속 반복하는 것은 정신력 계좌에 돈을 입금하는 것과 같다.

장거리 주자 에밀 자토펙은 정상에 오르기 위해 정신력을 활용한 대표적인 선수다. '체코의 인간 기관차'로 불린 그는 이렇게 말했다. "아주 오랫동안 훈련을 하다 보면, 의지의 문제는 더 이상 중요하지 않았다. 비가 온다고? 전혀 상관없다. 피곤하다고? 알 바 아니다. 그저 해야 할 일을 해야 한다."

자토펙이 종횡무진으로 활동할 무렵, 빌리 밀스는 사우스다코타의 파인 리지에서 가난하게 살았다. 열두 살에 고아가 된 그는 알코올 중독자가 가득한 인디언 보호 구역에서 자랐다. 넘쳐나는 기운을 좋은 방향으로 발산하기 위해 밀스는 달리기 선수가 되었다. 그는 1964년 도쿄 올림픽 육상경기 팀에 합류해 1만 미터 경주에 참여했다. 그의 기록은 가장 뛰어난 선수보다 무려 1분이나 늦었고 국제 경험도 부족했다. 하지만 막상 경주가 시작되자 밀스는 맹렬한 기세로 두각을 나타냈다. 한 바퀴가 남은 시점에서 유망주 론 클라크는 밀스를 악랄하게 밀치고 팔꿈치로 진로를 방해했으며, 마지막 터닝포인트에서 밀스는 여러 선수에게 포위되기까지 했다. 그럼에도 뛰어난 정신력으로 이 모든 난관을 극복하고 새로운 기록을 세우면서 금메달을 거머쥐었다.

2007년 NFL 플레이오프에서 그린베이 패커스와 시애틀 시호크스가 맞붙었다. 이때 패커스의 러닝백(쿼터백에게 공을 받아 상대 팀 깊숙이 들어가는 포지션) 라이언 그랜트는 경기를 시작하자마자 4분도 지나지 않아 공을 두 번이나 놓쳤다. 그 결과 스코어가 14-0까지 벌어졌다. 그랜트는 스스로에게 "그럴 수 있지. 기분은 더럽지만. 움직여야지!"라고 되뇌었다.

챔피언은 생각이 감정을 이끌어내며, 감정이 성적에 영향을 미친다는 것을 잘 알고 있다. 그랜트는 자기 자신에게 실망하는 대신 스스로를 격려했고, 이내 201야드를 얻어냈으며 세 개의 터치다운을 성공했다. 그 결과 그의 팀은 42-20으로 역전승을 거뒀다. 그는 공을 놓쳤지만, 자신의 실수에 전혀 영향받지 않고 다시 경기에 적극적으로 임했다.

무슨 일이 일어나도 이를 인정하고 받아들이는 편이 현명하다. 경기 중의 실수는 그 즉시 흘려보내고 앞으로 벌어질 일에만 집중한다. 그랜트는 아직 해야 할 게임이 남아 있기에 계속 냉정함을 유지해야 한다고 생각했다. 훈련 중이든 경기 중이든 지쳐 나가떨어질 것 같을 때에는 정신력으로 버텨야 한다. 이를 항상 명심하라.

불안감 극복: 긴장감을 활용하라

> **나비들이 대형을 이루도록 하라.**
>
> — 스포츠 격언

Butterfly in My Stomach. '배 속에 있는 나비'라는 뜻으로 마치 배 속에 나비가 날아다니는 것처럼 긴장한 상태를 말한다. 고로 '나비가 대형을 이루도록 하라'는 말은 긴장 상태를 조절하라는 뜻이다. 시합을 앞둔 운동선수들은 대부분 긴장한다. 그들은 경기하면서 느끼는 긴장을 당연하게 여기고, 오히려 집중력을 높이기 위한 도구로 활용한다. 이런 긴장이나 흥분은 우리가 성과와 결과에 신경 쓰고 있다는 증거다. 물론 지나친 긴장은 불편하기 그지없고, 준비한 만큼 성과를 내지 못하게 하는 방해물이 되기도 한다.

최적의 성과를 내려면 적당한 수준의 긴장이나 흥분이 필요하다. 스포츠의 관점에서 패닉은 수행 불안(특정 상황에서 주변의 기대 때문에 지나치게 불안해하는 증세)이 극단적으로 발현된 상태를 말한다. 패닉은 몸과 마음이 과장되게 반응한다는 뜻이다. 일종의 가짜 알람이라고 할까. 패닉에 대한 본능적인 반응은 역효과를 불러일으킨다. 도망치거나 자신을 고립시키거나 긴장을 풀려고 지나치게 노력하거나 자신에게 정신적인 학대를 가하게 된다.

불안감이 크다면 반응 순서를 익히는 것이 좋다. 일단 긴장 단계로 들어가면, 연쇄작용을 멈추기 어렵다. 연쇄반응을 초반에 잡아야 한다. 솔직히 인정해보자. 경기에서 제대로 성적을 내지 못하고, 그 결과 불안과 패닉을 느끼게 될 것이라는 당혹감이 가장 두렵지 않은가?

기억하라. 패닉은 마음속에, 혹은 기껏해야 몸에 존재하는 무해한 경험에 불과하다. 패닉이 미쳐간다는 것을 의미하지는 않는다. 그저 끔찍한 결과에 대한 두려움과 공포가 발현되었을 뿐이다.

다음 일곱 가지 요령을 사용하면 불안을 극복하고, 스포츠를 온전히 즐기면서 최고의 성적을 낼 수 있다. 이 방법을 쓴다고 마음속의 강렬한 느낌이 곧바로 사라지지는 않을 것이다. 감정의 방향을 긍정적으로 돌린다고 생각해라.

첫째, 충분히 준비하라. 경쟁을 준비하면 할수록 두려움도 줄어든다. 눈앞에 놓인 도전을 위해 완벽히 준비되었다고 느끼는 것만큼 자신감을 충족해주는 일도 없다. 코치의 피드백에 귀를 기울이고, 게임 녹화 영상을 보며 복기하고, 공들여 연습하면 된다. 이렇게 준비하지 않는다면 불안감을 느낄 가능성이 높다. 경기를 시작하기 전, 자신이 최선을 다해 준비했다는 사실을 항상 기억하라.

둘째, 불안은 자연스러운 감정이다. 긴장하는 것이 당연하다. 다른 선수가 무엇을 생각하고 있을지, 얼마나 잘하고 있을지 크게 신경 쓰지 마라. 다른 선수가 불안에 사로잡혀 있을지 이를 극복했을지는 알 수 없으니 혼자 상상하고 주눅 들지 마라. 상대 선수가 아무리 침착해 보여도 당신과 비슷하게, 혹은 더 많이 불안을 느끼고 있을 것이다. 불안을 일부러 없애려고 시도하지 마라. 그 대신 이를 활용해서 뛰어난 성적을 거두는 데 집중하고, 잘 활용해보겠다고 혼잣말을 해라. 자신에게 "내 몸은 경기할 준비가 되어 있어"라고 말하고 "예전에도 잘했으니 이번에도 할 수 있어"라고 다독인다.

셋째, 고르고 깊게 호흡하라. 신경을 안정시키기 위해 깊게 여러 번 숨을 쉬어라. 호흡을 하면 마음속 안개가 걷히고 몸의 긴장도 풀리면서 불안이 줄어든다.

넷째, 상상력을 활용해서 창조하라. 예를 들어, 긴장된 느낌을 폭탄이라고 상상한 뒤 이를 안전한 장소나 상자에 넣어서 자신을 보호한다고 생각한다. 이 폭탄보다 자신이 훨씬 크고 힘도 세다는 것을 이해하라.

다섯째, 지금 이 순간에 머무르라. 그러면 부정적으로 미래를 바라보는 것과 승패를 걱정하는 것을 멈추게 된다. 경기의 마지막을 알리는 호루라기 소리가 들릴 때까지 하나하나 최선을 다해 경기에 임하다 보면 결과가 나오기 마련이다.

여섯째, 긍정적인 생각만을 하라. 감정적으로 가라앉는 중이라고 느껴진다면, 부정적인 자기 대화를 긍정적인 방향으로 바꿔야 한다. 공포가 나를 잠식하게 내버려두는(나쁜 늑대에게 먹이를 던져주는) 대신, 이치에 맞는 말을 스스로에게 던진다(선량한 늑대에게 먹이를 준다). "지금은 긴장되고 불편하지만 경기를 무사히 잘 마치고 목표를 달성할 거야"라고 스스로에게 말을 걸어라.

일곱째, 가볍게 여겨라. 경쟁은 자신의 신체를 시험하고, 얼마나 열심히 노력했는지 증명할 기회다. 게임의 결과가 곧 당신 자신은 아니다. 경기에 임하는 것을 진지하게 받아들이되, 자기 자신은 가볍게 여기는 방법을 배워보자. 스포츠는 내가 하는 일에 불과할 뿐, 나 자신이 곧 스포츠는 아니다. 미소 짓고 웃어보자. 이 흥미로운 시간을 즐겨보자. "일어날 수 있는 최악의 일이 뭐가 있겠어?"라고 자문해보자.

긴장이 발생하면 뒷걸음질 치거나 이에 사로잡히지 말고 앞으로 나아가라. 앞에 놓인 전략을 활용하고 긴장을 이용하라. 다음 단계를 밟기 위한 주춧돌로 활용하라. 챔피언이 되려면, 나비가 대형을 짓고 배 속을 날아다니도록 만들어라.

즐기기: 스포츠는 재미있어야 한다

> 경쟁으로 인한 부담이 경쟁의 묘미보다 커서는 안 된다.
>
> ― 스킵 버트먼(야구 코치)

다음 이야기를 상상해보라. 슈퍼볼 게임에서 당신은 쿼터백(미식축구에서 공격 팀의 리더로 전술을 지휘한다)을 맡고 있고, 지금은 16대 13으로 뒤지고 있다. 공은 우리 엔드존(이곳에 상대편이 공을 꽂으면, 즉 터치다운을 하면 6점을 잃는다)에서 고작 7미터밖에 떨어져 있지 않고, 시간은 3분 10초가 남아 있다. 이런 절박한 상황에서 무슨 말을 할 수 있을까? 23회 슈퍼볼에서 샌프란시스코 포티나이너스 소속으로 신시내티 벵골스와 맞섰을 때, 조 몬태나는 바로 이런 상황에 있었다. 스트레스와 중압감을 해소하기 위해, 그는 관중석을 가리키며 팀원들에게 이렇게 외쳤다. "어이, 저기 존 캔디(캐나다 출신 배우이자 코미디언) 아냐?" 그에게는 극도의 긴장감이 흐르는 순간에도 관중석을 돌아볼 여유가 있었던 것이다. 긴장이 풀린 포티나이너스 팀은 상대편 필드로 힘차게 날아가 승패를 결정짓는 터치다운을 내리꽂는다. 그러고도 34초가 남았다. 위기의 순간에 뜻밖의 성과를 낸 경험 덕분에 몬태나는 '쿨한 조'라는 별명을 얻었다.

스포츠에서 유머가 왜 필요한지를 잘 보여주는 또 다른 일화가 있다. 테니스 선수 비타스 게룰라이티스는 1978년 세계 랭킹 3위까지 올라갔다. 하지만 이런 재능에도 불구하고, 그는 존 코너스의 직구에 16번이나 내리 쓴맛을 봐야 했다. 1980년 당시 코너스를 간신히 이긴 게룰라이티스는 이렇게 말했다. "자, 교훈을 하나 말해드리죠. 그 누구도 연속해서 게룰라이티스를 17번 이길 수는 없어요!" 코너스에게 연속으로 졌음에도 그는 자신감을 갖고 그 상황을 웃어넘긴 것이다.

역시 테니스 선수인 슈테피 그라프 또한 1996년 윔블던에서 다테 기미코와 준결승에서 맞붙었을 때 재미있는 에피소드를 하나 만들었다. 한참 매치가 치열하게 진행되던 참이었다. 그라프가 막 서브를 던지려는 순간, 한 관객이 크게 외쳤다. "슈테피, 나랑 결혼해줄래요?" 관객들이 웃음을 터뜨리자 그라프는 씩 웃더니 이렇게 되받았다. "당신, 돈 많아요?"

가벼운 농담을 던지고 나니 긴장감이 줄어들었다. 그는 준결승에서 상대를 가뿐하게 누르고 그 기세를 몰아 결국 결승전에서 타이틀을 차지했다.

"유머는 최고의 치료약이다"라거나, 웃음이 "내면의 조깅"이라는 뻔한 말은 진실이다. 뛰어난 성적을 내려면, 건강과 행복 못지않게 유머 감각도 중요하다. 스포츠에서는 유머를 일종의 방해물이라고 생각하기도 한다. 게임을 진지하게 여기지 않는 증거라고 믿는 경우도 종종 있다. 하지만 위기의 순간에도 농담을 던질 만큼 여유로운 사람이라면 불필요한 스트레스를 덜 받는다.

적절한 시기에 유머가 더해지면, 스포츠가 지나치게 긴박해지지 않는다. 군인, 경찰, 소방수들이 유머 감각이 뛰어나다는 평을 듣는 것도 이와 관계가 있다. 미 해병대 장군 체스티 풀러는 해병 중에 가장 많은 무공훈장을 받은 사람이다. 그는 병사들에게 이렇게 말했다. "제군들, 우리는 포위당했다. 자, 이제 문제가 매우 간단해졌다!" 마음속에서 우러난 웃음은 스트레스를 줄여주고, 더 나은 성적을 낼 수 있도록 해주며 분위기도 띄워준다.

훈련하면서 가볍게 즐길 만한 게임을 중간중간 섞으면, 선수들의 긴장도 풀어지고 분위기가 좋아진다. 수영 코치라면 훈련 마지막에 수구(일곱 명씩 짠 두 편이 서로 헤엄을 치며 공을 상대편의 골에 넣어 득점을 겨루는 경기)를 해서 팀원들을 즐겁게 해줄 수 있다. 야구 팀은 킥 볼(야구와 비슷한 게임으로 방망이 대신 발을 이용하는 경기)을 할 수 있고 축구 팀은 위플볼(구멍이 난 플라스틱 공으로 하는 약식 야구 게임)을 하면 된다.

2013년 대학 농구 시즌, 켄터키 와일드캣츠 팀은 당시 가장 뛰어난 선수가 십자인대파열 부상을 입으면서 전력이 약해졌고, 이후 테네시 팀에게 30점 이상 격차를 보이며 대패했다. 그러고 나서 존 칼리파리 코치는 스태프와 선수끼리 피구 게임을 하도록 했다. 좋은 시간을 보내고, 결과에 지나치게 연연하지 않도록 조처한 것이다. 바로 다음 날, 와일드캣츠는 상대를 무찌르면서 다시 위상을 회복했다.

야구를 시작할 때 심판은 "플레이 볼!"이라고 외친다. 공으로 일이 아니라 놀이를 하라는 것이다. 여기에는 매우 직관적이고 단순한 사실이 숨어 있다. 스포츠는 놀고, 즐기며, 재미있어야 한다는 것이다. 함께 웃으면서 즐기면 팀원들끼리 강력한 연대가 생긴다. 물론 이때 이야기와 농담에는 비열한 의도가 숨어 있지 않아야 한다.

경험을 즐길수록 성적은 점점 더 좋아진다. 게임에서 어떤 점이 재미있고, 즐겨야 하는 이유가 무엇인지 알면 성큼 앞으로 나아갈 수 있다.

보디랭귀지: 근사한 인상을 남겨라

> 멋있게 보이면, 기분이 좋죠. 기분이 좋으면, 경기를 잘하게 됩니다.
> 경기를 잘하면, 연봉이 올라가요.
>
> — 디온 샌더스(미식축구 선수, 1994년 NFL 올해의 수비수)

보디랭귀지는 언어가 아닌 다른 방식으로 이루어지는 커뮤니케이션으로, 자세, 손짓, 얼굴 표정, 눈의 움직임 등을 포함한다. 보디랭귀지는 쌍방향으로 이루어진다. 이것으로 내 생각과 감정을 남에게 드러내고, 상대방은 그들의 생각과 감정을 내게 보여준다. 스포츠 경기를 보고 있으면, 선수와 코치의 보디랭귀지가 쉽게 눈에 띈다. 그것만으로도 누가 이기고 지는지 알 수 있다. 경기 당일, 당신의 보디랭귀지는 무엇을 말하고 있는가? 보디랭귀지로 어떤 인상을 만들고 싶은가?

최상위 선수와 맞서면 자신감을 잃고 겁을 먹는가? 그렇다면 잠시 시간을 들여서 간단한 움직임을 몇 개 해보자. 그것만으로도 마음을 다스릴 수 있다. 심리학자 다나 카니, 에이미 커디, 앤디 야프의 최근 연구 결과에 따르면, 단 몇 분 동안 몸을 활짝 펴고 바깥 방향으로 뻗는 것만으로도 꽤 많은 양의 테스토스테론이 증가하고, 코르티솔(급성 스트레스에 반응해 분비되는 호르몬)이 줄어들며, 위험에 대비하는 힘과 지구력을 갖게 된다. 힘을 불어넣어 주는 자세를 취하는 것만으로 강력한 반응을 만들어낼 수 있다. 승리한 사람처럼 행동하면, 승자처럼 게임하게 된다.

긍정적인 보디랭귀지와 부정적인 보디랭귀지는 다음과 같은 것
들이 있다.

긍정적인 보디랭귀지

• 활짝 웃기

• 턱을 바짝 들어올리기

• 어깨를 뒤로 하고 가슴을 앞으로 내밀기

• 허리를 쭉 펴고 서 있기

• 힘차게 걷기

부정적인 보디랭귀지

• 얼굴 찌푸리기

• 머리를 절레절레 흔들기

• 아래로 눈을 깔기

• 구부정한 어깨

• 발을 질질 끌기

훈련하고 경기할 때 당당한 태도를 취하라. 그것만으로도 현재
상황이나 점수가 어떻든 승자의 마음가짐을 갖게 된다. 훈련이 힘
들어서 어질어질하더라도 허리를 곧게 펴고 힘차게 걸어라. 항상
승리하는 팀에서 뛰고 있다면, 씩씩하게 걸어라.

유통기한이 지난 우유를 막 마신 얼굴을 자주 하고 다니는가? 골을 못 넣었거나 실수했을 때 부정적인 보디랭귀지를 보이는가? 챔피언이 되려면, 그리고 좋은 팀원이 되려면 긍정적인 자세를 취해야 한다. 입을 부루퉁하게 내밀거나 오만상을 찡그리고 다니면 안 된다. 긍정적인 보디랭귀지는 상대에게 메시지를 던진다. 어떤 일이 일어나든 내 정신은 약해지거나 당황하지 않을 거라고.

웃는 것만으로도 기분이 좋아진다. 기분이 축 처지는 날을 생각해보자. 기대한 대로 일이 잘 안 풀릴 수도 있다. 하지만 그날 밤 있을 경기를 생각하면, 찝찝한 느낌을 곰곰이 되짚을 여유가 없다. 어떻게 기분이 좋아질까? "웃기만 해도 기분이 좋아진다"라는 말을 들어본 적이 있을 것이다. 정말 그럴까?

1988년에 심리학자 프리츠 슈트라크와 동료들이 진행한 실험에 따르면, 펜을 이로 물어서 억지웃음을 만들어내는 것만으로도 하는 일에 긍정적인 감정이 발생한다. 기분을 빠르게 전환해야 할 때마다 그 사실을 기억하자. 경기하면서 스스로를 질질 끌고 다니지 말아야 한다. 그 대신 자신 있게 활짝 웃어라!

또한 BEST를 다 해야 한다. 심리학자 존 클래비는 BEST라는 기막힌 약어를 만들어냈다. BEST란 보디랭귀지(Body language), 눈맞춤(Eye contact), 말투(Speech), 목소리 톤(Tone of voice)을 뜻한다. 항상 최선의 BEST를 선보이도록 노력하라. 어눌하지 않고 강한 보디랭귀지, 이리저리 헤매지 않고 한곳만 바라보는 시선, 수동적이지 않고 힘을 실어주는 말투, 맥 빠지지 않고 확신에 찬 목소리. 커뮤니케이션을 하면서 이 네 가지를 개선하도록 다방면으로 노력을 기울여보자. BEST를 계속 연습하면 경기 때 이런 태도가 자동적으로 나온다.

외모를 간과하지 말아야 한다. 성공한 사람처럼 차려입어라. 자부심을 갖고 유니폼을 입어라. 미식축구는 물론 야구에서도 뛰어난 기량을 선보인 디온 샌더스는 1989년 시즌에는 한 주 동안 애틀랜타 팔콘스 팀에서 터치다운을 기록하고 뉴욕 양키즈에서 홈런을 쳤다. 그는 "멋있게 보이면, 기분이 좋죠. 기분이 좋으면, 경기를 잘하게 됩니다. 경기를 잘하면, 연봉이 올라가요"라고 말했다.

결국 모든 스포츠와 경쟁은 기회, 연습, 기술, 경쟁력의 조합이다. 모든 요소를 통제할 수는 없겠지만, 정신력이 강하면 확실히 성적이 좋아진다. BEST를 활용하거나 외모를 신경 쓰거나 웃음을 지어서 훈련이나 경기를 하면서 정신력을 강화하면, 신체적인 한계점을 뚫고 한 단계 더 나아갈 수 있다.

몰입: 나만의 구역으로 들어가다

> **신경을 바짝 곤두세우지 마라. 적당한 정도로 정신을 차리면 된다.**
> — 작자 미상

운동선수가 '몰입'하고 있거나 '나만의 구역'에 들어가 있다면, 이

때 최고의 성적이 나온다. 성적과 몰입의 수준은 직접 연결된다. 따라서 지나치게 몰입했거나(이상한 느낌을 받거나 너무 흥분했거나) 아예 몰입하지 않는다면(피곤하다고 느끼거나 흥미가 없다고 느끼면) 성적이 좋지 않을 확률이 높다. 예를 들어 랭킹이 낮은 선수와 경기를 할 때 몰입도가 낮으면 실수가 자주 나온다. 반대로 최상위 선수를 만나 너무 몰입하면 경기를 지나치게 서두른다.

적정한 상태가 되려면 딱 적당한 수준으로 몰입해야 한다. 이는 스포츠마다 다르다. 골프는 차분함, 평정심, 정확한 집중이 필요한 경기다. 미식축구는 이와 달리, 열정, 감정, 흥분으로 경기가 진행된다. 골프 선수가 롱샷을 치려면 몰입해야 하고, 쿼터백은 정확하게 패스하기 위해 차분해져야 한다.

자신만의 적정 상태, 혹은 황금 지점을 찾아서 최고의 성적을 내고 싶다면, 페이스를 올리거나 늦춰서 상황에 맞는 몰입 상태에 들어가야 한다. 바이애슬론(크로스컨트리 스키와 사격으로 이루어진 스포츠) 경기라면, 크로스컨트리 스키를 하는 순간에는 페이스를 올려야 하고 사격을 하는 순간에는 마음을 차분하게 해서 정확도를 높여야 한다. 상황에 따라 몰입 수준을 조절하기 위해 아래의 내용을 연습해보자.

박차를 가하려면

웨이트 트레이닝의 마지막 세트를 끝내야 한다고 생각해보자.

- 3~5번 정도 힘차게 숨을 들이마신다.

- 전쟁, 사나운 야수, 혹은 화산 폭발처럼 강력한 이미지를 그려본다. 혹은 실제 시도하기 전에 무게를 들어 올리는 데 성공한 모습을 그려본다.
- 주먹을 불끈 쥐거나 박수를 치며 기운을 끌어모은다.
- "난 할 수 있어!"라거나 "최고의 게임을 해보자!"라는 식으로 힘을 불어넣는 생각을 반복한다.
- 자신이 가장 좋아하는 템포가 빠른 노래를 흥얼거린다.

마음을 차분하게 하려면

과녁 앞에 선 양궁 선수라고 생각해보자.
- 차분하게 숨을 내쉰다.
- 산기슭의 서늘한 호수처럼 고요한 장면을 그려본다.
- 가볍게 스트레칭 한다.
- "마음을 차분히 하고 몸의 긴장을 풀자" 같은 말을 떠올리며 마음을 침착하게 가라앉힌다.
- 긴장을 풀어주는 노래를 흥얼거린다.

많은 운동선수가 연습에는 덜 몰두하고("이건 중요하지 않아") 경기를 하는 순간에는 지나치게 몰두한다("여기에 모든 것이 달려 있어!"). 훈련하거나 게임할 때, 스스로에게 질문을 던져보자. "지금 너무 몰입했나? 아니면 몰입을 못 하고 있나? 최고의 성적을 낼 수 있는 적당한 수준에 도달하도록 이를 조절해야 한다.

확언: 동기부여 되는 문구를 마음에 새겨라

> 확언을 반복해서 되뇌면 믿음이 된다.
> 믿음이 강한 확신이 되면 원하던 일이 눈앞에 이루어진다.
> — 무하마드 알리

최고의 성과를 내려면 태도가 중요하다. 힘을 불어넣어 주는 문구나 확언 리스트를 만들어서, 자기 안의 챔피언에게 확신을 주자. 그러려면 준비한 문장이 내게 각별한 의미가 있어야 한다. 그래야 마음이 반응한다. 휴대하고 다니는 작은 노트에 이런 문장을 적고, 정신적으로 힘이 필요할 때 꺼내 읽어보자. 의미와 신념이 담긴 자신만의 긍정 확언을 되새길수록 마음속에 깊게 새겨지고, 그로 인해 인생에 커다란 변화가 찾아온다.

"한 발자국으로는 길을 만들 수 없듯, 한 번 생각한 것으로는 마음에 새겨지지 않는다. 마음속에 깊숙이 길을 내려면, 생각하고 또 생각해야 한다. 정신에 깊이 새겨진 길을 만들려면, 두뇌에 각인되길 바라는 문장을 반복해서 되뇐다"라고 미국의 작가인 헨리 데이비드 소로가 말했다.

레슬링 챔피언 앤서니 로블스는 태어날 때부터 한쪽 다리가 없었으나 운동선수라는 꿈을 실현하기 위해 장애라는 불편을 넘어섰다. 그는 성공한 장애인 운동선수에게 주어지는 지미 V 어워드를 수상했다. 로블스는 수상 소감에서 '멈출 수 없는'이라는 시의 한

소절을 인용했다. 그 시는 인고와 두려움 없는 마음가짐에 대한 강력한 자기 확언으로 끝이 난다.

자기 확언을 써 내려갈 때는 현재 시제를 사용해야 한다. 즉, "나는 ~할 거야"라고 쓰는 대신 "나는 ~한다"라고 쓰는 것이다. 왜냐고? 우리가 살고, 경기하는 시간은 항상 현재다. 미래가 아니다. 잠재의식은 미래를 인식하지 않는다. 오직 지금 여기만을 이해한다. 참고할 만한 확언을 살펴보자.

- 챔피언의 마음으로 생각하고, 느끼고, 경기한다.
- 다음 경기는 내 최고의 경기가 된다.
- 목적 의식과 열정으로 경기에 임한다.
- 운동선수라면 실수하기 마련이다. 실수는 재빨리 잊어버린다.
- 내게는 두려움에 맞서서 극복하는 용기가 있다.
- 나만큼 잘 준비한 선수는 없다.
- 목적을 달성하기 위해 불도 뚫고 나아가겠다.
- 모든 방법을 동원해서 최선을 다한다.
- 매일매일 덤비자.
- 강하게 시작해서 더 강해진 상태로 끝내자.

챔피언의 성적을 내려면, 챔피언의 마인드로 이를 길러내야 한다. 게임에 어떤 정신 상태로 임해야 하는지 이해하는 것, 이것이 이번 장의 주요 목적이다. 이번 장을 읽고 나면 마음속 상상, 자신감, 집중 등을 마음대로 부릴 수 있다. 마음먹은 대로만 움직일 수 있다면 당신의 목표를 꺾을 수 있는 것은 아무것도 없을 것이다. 그러면 경기장에서든 밖에서든 항상 뛰어난 성적을 거둘 수 있다.

마음의 근육을 키워주는
22가지 이야기

수년 전, 나는 뛰어난 무술가 로버타 트리아스켈리 박사와 개인적 친분을 쌓게 되었다. 그는 무술과 인생의 교훈을 가르치면서 겪었던 흥미로운 이야기를 풀어놓으며 도장에서 오목한 그릇과 채찍이 얼마나 유용하게 쓰이는지 이야기해주었다. "기술에 지나치게 집중하는 학생이 눈에 띄면, 그릇을 머리에 뒤집어쓰고 마음을 비우라고 해요. 자신을 지나치게 비판하는 학생에게는 채찍을 던져주면서 자책하고 싶다면 제대로 하라고 소리를 지르죠!"

　부드러운 스윙과 정확도 높은 외야수로 명성을 날린 야구 선수 숀 그린은 자신이 운동선수로 성공할 수 있었던 것은 선종(참선수행으로 깨달음을 얻는 것을 중요시하는 불교의 한 종파)의 가르침을 배웠기 때문이라고 말한다. 그는 자신의 저서 『야구의 길: 시속 152킬로미터에서 찾은 고요함』에서 이렇게 이야기했다.

"사람은 자아와 생각으로 이루어져 있다. 그 외에 다른 것은 없다. 자아의 만족할 줄 모르는 욕망과 지칠 줄 모르고 반복되는 생각 외에 다른 무엇이 존재하리라 생각했다. 선종과 명상을 통해서 눈앞의 모습보다 좀 더 위대한 나 자신을 찾고 싶었다. 잡다한 생각을 끊어버리고 나라는 존재에 대해 좀 더 깊게 깨닫게 되자 명상의 효과가 스윙을 통해 나타났다."

어떤 허상 없이 현재 그 순간에 온전하게 깨어 있는 것이 바로 선종의 핵심이다. 지혜를 얻기 위한 선종의 접근 방법은 상상력에 불을 지피기 때문에 그 효과가 좋다. 지나치게 분석적인 태도를 잠시 버리고, 아래의 일화를 통해 잠재의식에 도달해보자. 이 이야기들은 마음속 자원을 활용하도록 도와줄 뿐 아니라 문제를 해결하고 긍정적인 변화를 불러낸다.

이 장에서는 오래도록 내려오는 일화들을 살펴보면서 챔피언의 마인드를 확장해서 생각해본다. 이 일화들은 우리가 앞서 살펴본 정신력 강화 전략이다. 각각의 이야기는 우리 일상에 도움을 주고, 글의 끝에 별도로 스포츠 분야에서 얻는 교훈을 적었다. 또한 자기에 대해 반추할 수 있는 질문을 마련해놓았다. 많은 생각을 해보게끔 질문을 던지는 이 이야기들을 활용해서 자신만의 접근법을 만들어 인생을 살아가길 바란다.

차와 컵

한 대학교수가 유명한 승려를 방문했다. 승려가 조용히 차를 대접하는 동안 교수는 끊임없이 자신의 깨달음에 관한 이야기를 늘어놓았다. 승려가 방문객의 컵에 계속 차를 부었고, 마침내 차가 넘치기 시작했다. 흘러넘치는 차를 본 교수가 깜짝 놀라 외쳤다. "넘치잖아요! 더 이상 채울 수 없다고요!" 그러자 승려가 대답했다. "당신은 이 컵과 같습니다. 마음을 비우지 않으면 어떻게 깨달음에 관한 이야기를 나눌 수 있단 말입니까?"

☑ 교훈

항상 가르침을 받아들일 자세가 되어 있어야 한다. 도교에서는 그릇이 유용한 이유는 비어 있기 때문이라고 가르친다. 더 성장하려면, 우리가 이미 알고 있는 것을 뒤로하고 새로운 것을 배우기 위해 열린 마음을 가져야 한다. 그래야 코치와 팀원에게서 배울 수 있다. 아무리 뛰어난 운동선수, 정상에 올라간 선수라고 해도 끊임없이 새로운 기술을 배우고 자신의 실력을 갈고닦는다. 주의 깊게 듣고, 기꺼이 수정하며 이를 실천하는 사람이 되어야 한다.

☑ 질문

나는 기꺼이 배울 자세가 되어 있는 열린 학생인가?

수도승과 거울

어디를 가든 거울을 들고 다니는 수도승이 있었다. 한 사제가 이를 눈치채고 생각했다. '이 사람은 외모에 너무 사로잡혀 있는 게 틀림없어. 그러지 않고서야 거울을 매일 들고 다닐 리가 없지. 외면의 모습을 신경 써선 안 되지. 내면이 중요한 법이야.' 그래서 사제는 수도승에게 다가가 물었다. "왜 항상 거울을 들고 다니는 건가요?" 사제는 수도승이 부끄러워하리라고 생각했다. 그러자 수도승은 거울을 꺼내서 사제에게 보여줬다. 그리고 말했다. "나는 어려움을 겪을 때 거울을 봅니다. 거울을 바라보고, 내 문제의 근원과 해결책을 찾아내는 거예요."

☑ 교훈

스스로 하는 모든 일에 온전하게 책임져라. 올바른 태도로 훈련하고 경기하는 동안 최선을 다하며, 경기장 밖에서도 의연한 모습을 보이고, 이에 대한 모든 책임을 져라. 배경과 환경도 영향을 끼쳤겠지만, 지금의 자기 모습이 된 데에는 자신의 책임이 제일 크다. 유감스럽게도 많은 선수가 심판과 팀원을 탓한다. 정작 자신이 어떻게 경기를 했는지는 돌아보지 않는 것이다. 챔피언답게 경쟁하려면 남을 탓하지 말고 스스로 어떤 점을 개선할 수 있는지 돌아봐야 한다.

☑ **질문**
내 성공과 실패에 100퍼센트 책임을 지고 있는가?

짐

어느 날 밤 두 수도승이 수도원으로 돌아가고 있었다. 비가 내려서 돌아가는 길 곳곳에 물웅덩이가 생겼다. 어느 곳에 다다르자, 젊고 아름다운 한 여자가 물웅덩이를 지나가지 못하고 서성이고 있었다. 나이 많은 수도승이 다가가, 여자를 업어서 길 반대편 쪽으로 데려다주었다. 그러고는 다시 수도원으로 길을 재촉했다. 저녁이 되자, 어린 수도승이 나이 많은 수도승에게 다가가 이렇게 말했다. "승려는 여인을 만져선 안 되는 법입니다." 그러자 나이 많은 수도승이 대답했다. "물론이지요." 그러자 어린 승려가 다시 물었다. "그런데 당신은 왜 그 여인을 옮겨주었습니까?" 나이 많은 승려가 그에게 미소를 짓더니 말했다. "나는 길 반대편에 그를 내려두고 왔는데, 당신은 아직 그를 짊어지고 있군요."

☑ 교훈

현재진행형으로 경기하라. 지금 경기에서 이기는 데 몰두하고, 최종 결과는 신경 쓰지 말아야 한다. 경기가 끝나면, 실패와 실망을 재빨리 내려놓는 방법을 익히자. 잘한 일은 스스로 칭찬하고 자축하라. 잘못한 일은 긍정적인 방향으로 수정한 뒤, 싹 잊어버려라. 가는 길이 가벼워질 것이다. 중요한 경기를 목전에 두고 인터뷰를 진행하는 스타 선수는 앞에 놓인 경기에만 집중한다. 과거의 경기나 먼 미래의 경기는 이야기하지 않는다. 지금 눈앞에 있는 게임 이상으로 멀리 보지 않는다. 다른 것을 알고 싶어 몸이 근질거리는 스포츠 팬은 선수의 그런 태도를 답답해하겠지만 말이다. 어쩌면 바로 그런 태도 때문에 그들이 스타가 되었을지도 모른다. 야구나 골프에서 두각을 나타내는 선수들은 기억력이 매우 짧은 것으로 유명하다. 배팅이 시원찮았고, 삼진아웃을 당한 야구 선수가 있다고 생각하자. 이후에도 이를 곰곰이 되씹고 있다면, 또 다른 수비 실수를 하거나 다음 타석에서 고전할 가능성이 높다. 골프공이 엉뚱한 방향으로 튀었거나 퍼팅을 망쳤다고 계속 씩씩거리는 골퍼라면, 다음 샷에서도 제대로 된 스윙을 날리기 어렵다.

☑ 질문

두고 왔어야 하는데 아직도 들고 있는 실수나 실패가 있는가?

물 한 방울

승려가 어린 제자에게 뜨거운 목욕물을 한 양동이 가져와서 식히라고 요청했다. 제자는 차가운 물을 넣어 목욕물을 식힌 뒤, 조금 남은 물을 땅에 버렸다. 승려는 이를 보고 놀라서 말했다. "어리석기는! 화초에다 물을 주면 되는 것을! 어찌 감히 절에서 물을 낭비하느냐?" 그 순간 어린 제자는 득도했다.

☑ 교훈

심리적, 신체적 능력을 최대한으로 끌어내라. 단 한 방울의 물도 허투루 쓰면 안 된다. 모든 세세한 부분에도 주의를 기울이고, 모든 상황을 최대한 활용한다. 훈련장이 아직 열리지 않았다면 남아 있는 시간 동안 주차장에서 스트레칭이나 워밍업을 한다. 얼핏 봐선 지루하기 짝이 없는 훈련이라도 모든 정성을 쏟아 넣어 조금도 낭비하지 않는 최고의 훈련으로 탈바꿈하라. 뛰어난 선수는 낭비하지 않는다. 운동할 때 들고 다니는 가방에도 허투루 쓰는 물건이 없다. 특히 경기 중간에 종목을 변경하는 순간, 예를 들어 수영복을 벗고 사이클을 준비할 때에도 한 치의 빈틈이 없다. '사용하거나 버리거나'라는 태도는 항상 옳다.

☑ **질문**
나의 모든 것을 쏟아부어 매진하는가?

"글쎄요."

수년간 농사를 지어온 노인이 있었다. 어느 날 그의 말이 도망가 버렸다. 그 소식을 들은 이웃 사람이 그를 찾아와 위로했다. "안됐군요." 노인은 "글쎄요"라고 대답했다. 다음 날 아침, 그 말이 세 마리의 야생마와 함께 돌아왔다. 다시 이웃이 찾아왔다. "근사하군요!" 노인이 대답했다. "글쎄요." 그다음 날 노인의 아들이 야생마를 타려다가 내동댕이쳐지는 바람에 다리가 부러졌다. "아이고, 어째요"라고 이웃이 노인의 불행을 안타까워했다. "글쎄요." 다시 노인이 대답했다. 다시 그다음 날, 군인들이 징집을 위해 마을을 찾았다. 노인의 아들은 다리가 부러진 덕에 군에 끌려가지 않았다. 다시 이웃들이 그의 행운을 축하하자, 노인이 다시 대답했다. "글쎄요."

☑ 교훈

어떤 일이 좋은지 나쁜지를 너무 일찍 판단하지 마라. 경기나 시즌이 끝나기 전에 리뷰를 쓸 필요는 없다. 침착하라. 일희일비하지 마라. 점수판에 어떤 숫자가 쓰여 있든 항상 지금 최선을 다하라.

☑ 질문

신이 나를 내동댕이치더라도, 항상 침착하고 집중하는 태도를 유지하는가?

산딸기

숲속을 걷고 있던 사람이 사나운 호랑이와 마주쳤다. 호랑이를 피해 달리던 그는 높은 절벽 끝으로 내몰렸다. 그는 덩굴에 매달려 낭떠러지를 내려가기 시작했다. 그렇게 매달려 있는데, 저 위에 있는 구멍에서 생쥐 두 마리가 나타나더니 덩굴을 갉아먹기 시작하는 것이 아닌가! 그때 그는 타고 내려가던 덩굴에 통통하고 잘 익은 산딸기가 달린 것을 발견했다. 그는 딸기를 따서 입속으로 집어넣었다. 믿을 수 없을 만큼 맛있었다!

☑ 교훈

어떤 상황에서도 긍정적인 면을 찾아내 그것을 기회로 만들어라. 잘 익은 산딸기는 어느 순간에도 부정적인 면보다는 긍정적인 면에 더 집중해야 한다는 것을 알려준다. 눈앞의 도전, 경기, 경쟁을 사랑하라. 농구 경기를 관람할 때 가장 재미있는 장면 중 하나는 포인트가드가 수비수의 한가운데로 뛰어들어서, 순식간에 앨리웁 슛(농구에서 패스를 받아 착지하기 전에 슛으로 연결하는 동작)을 성공할 때가 아닐까. 그 순간이 바로 산딸기가 입으로 들어가는 순간이다. 챔피언은 절대 기회를 놓치지 않는다!

☑ 질문

눈앞의 기회에 집중하고 있는가?

욕이라는 선물

옛날 옛적에 위대한 무사가 있었다. 나이를 먹기는 했지만, 그 어떤 도전자도 그를 상대로 승리를 거두지 못했다. 그의 명성이 대륙 멀리까지 퍼지자 많은 제자가 그의 가르침을 받고자 모여들었다. 어느 날, 악명 높은 젊은 무사가 마을에 왔다. 최초로 위대한 무사의 무릎을 꿇리기 위해 무사를 찾은 것이었다. 나이 많은 무사는 무술이 뛰어나기도 했지만, 신묘한 능력이 하나 있었다. 눈앞의 적이 가진 약점을 재빨리 파악하고 이를 역이용하는 능력이었다. 무사는 상대방이 처음 움직일 때까지 기다렸다가, 그 움직임으로 적의 약점을 파악하고는 전광석화 같은 속도와 가차 없는 힘으로 적을 제압하곤 했다. 그와 대결한 사람은 모두 두 번을 움직이지 못하고 패했다. 젊은 무사가 도전장을 던지자, 제자들의 반대에도 불구하고 나이든 무사는 대결을 받아들였다. 두 사람이 자세를 취하자마자 젊은 무사는 나이든 무사를 상대로 욕설을 던지기 시작했다. 오물을 그의 얼굴에 뿌리고, 침을 뱉기까지 했다. 이후 몇 시간 동안 젊은 무사는 인간이 생각할 수 있는 온갖 종류의 저주와 욕을 내뱉었다. 하지만 나이든 무사는 그 어떤 움직임도 없이 침착하게 한 자리에 서 있었다. 마침내 젊은 무사가 먼저 기진맥진했다. 패배했다는 사실을 깨달은 어린 무사는 부끄러워하며 그 자리를 떠났다. 이 무례한 젊은이를 상대로 아무것도 안 했다는 사실에 실망한 제자가 나이든 무사에게 질문을 던졌다. "그런 무례를 어떻게 참으셨습니까? 도대체 어떻게 그를 내쫓은 것입니까?" 무사가 대답했다. "누가 당신에게 선물을 줬는데, 당신이 받아들이지 않는다면 그 선물을 도로 받아가는 게 누가 될까?"

☑ 교훈

다른 사람이 당신의 감정에 영향을 끼치지 않도록 하라. 경기하고 훈련을 하면서, 남 때문에 부정적인 생각이 머릿속으로 들어오면 안 된다. 그래야 마음 가는 대로 행동하지 않고 감정을 다스릴 수 있다. 뉴잉글랜드 패트리어츠 팀의 빌 벨리칙 감독은 언제나 팀에게 "잡음을 무시하라"라고 강조한다. 폄하하는 의견, 신경을 분산시키는 발언 등을 무시하라고 당부하는 것이다. 경기장에서는 적들이 내는 '잡음'을 모른 척해야 한다. 게임즈맨십(심리적 우위를 차지하기 위해 상대방에 대한 예의를 무시하며 오직 승리만을 추구하는 성향)의 먹잇감이 되어서는 안 된다.

여덟 번이나 월드 챔피언을 가져간 권투 선수 플로이드 메이웨더 주니어는 링 안팎에서 적에게 비아냥거리는 것으로 유명하지만 정작 자신은 절대 평정심을 잃지 않는다. 그렇게 야유에 정신이 팔린 상대를 대상으로 우위를 차지한다. 미국의 종합격투기 선수 차엘 소넨 역시 UFC의 경쟁자를 비슷한 방식으로 들들 볶는다.

☑ 질문

다른 사람의 야유를 넘길 수 있을 만큼 강한가? 골치 아픈 일에서 한 걸음 뒤로 물러설 수 있을 만큼 성숙한가?

깨달음의 시간

아직 어리지만 열정이 넘치는 제자가 스승을 찾아가 물었다. "열심히, 부지런히 하면 가르침을 깨닫는 데 얼마나 걸릴까요?" 스승이 곰곰이 생각하더니 대답했다. "10년이 걸릴 것이다." 다시 제자가 물었다. "하지만 정말, 열심히 부지런히 한다고 하면요. 얼마나 걸릴까요?" 스승이 답했다. "20년이 걸린다." "하지만 저는 정말 정말 열심히 할 거예요. 얼마나 걸릴까요?" 제자의 질문에 다시 스승이 대답했다. "30년." 실망한 제자가 말했다. "스승님, 이해가 안 가요. 더 열심히 하겠다고 하는데 더 오래 걸린다고 하시네요. 왜 그러시는 거예요?" 스승이 답했다. "목표에 한쪽 눈이 팔려 있으면, 다른 눈 하나로만 길을 봐야 하지 않겠느냐."

☑ 교훈

과정을 충실하게 밟으면 결과는 응당 따라오지만 결과에 치중하다 보면 매일매일 해야 하는 일을 놓치게 된다. 최종 목적지에 도착하려면 매일의 일과에 집중하자. 개선 계획을 소홀히 하지 말고, 한 발자국씩 주의 깊게 나서라. 실력은 이를 따라 성장한다. 하룻밤에 갑자기 뛰어난 선수가 되지는 않는다. 서두르지 말고 차분하게 실력을 키워라. 어느 트라이애슬론(수영, 사이클, 마라톤 세 종목을 연이어 겨루는 경기) 선수는 초보자에게 과도하게 훈련하거나 회복을 소홀히 하지 말라고 조언한다. 욕심이 많은 선수는 몰아붙이듯 훈련하고 제대로 쉬지 않는다. 그러다 보면 원하는 바를 얻지 못한다. 항상 처음의 계획을 유지하겠다는 다짐이 중요하다. 열심히 훈련하고 열심히 회복하라.

☑ 질문

열심히 훈련하는 자기 자신에 심취해 있지 않은가? 지금 무엇을 하고 있는지 충분히 인지하고 있는가?

거대한 파도

'거대한 파도'라는 뜻의 오나미라는 이름을 가진 스모 선수가 있었다. 오나미에게는 문제가 하나 있었다. 스승도 들어 올릴 만큼 굉장한 선수였지만 사람들 앞에 나서면 수줍음을 너무 많이 탔다. 제자에게도 질 정도였다. 오나미는 문제를 해결하기 위해 훌륭한 수도승의 가르침을 받기로 한다. 한 방랑 승려가 마침 그의 마을에 와서 절에 머무르고 있었다. 오나미는 그 승려를 찾아가 고민을 털어놓았다. "커다란 파도라는 자네의 이름을 생각해보게. 오늘 이곳에 머물며 자신이 정말 큰 파도라고 상상하게. 자네는 더 이상 부끄러워하는 스모 선수가 아니야. 자네는 강력한 파도이고, 앞에 있는 모든 것을 쓰러뜨리고 다 쓸어가버리네. 이렇게 상상하면 자네의 근심거리는 곧 사라지고 이 나라에서 가장 강인한 스모 선수가 될 걸세." 말을 마친 승려는 잠을 청하기 위해 가버렸다.

오나미는 조용히 앉아 명상을 시작했다. 그는 승려가 한 말을 다시 마음속에 새기고, 자신을 거대한 파도라고 상상했다. 많은 생각이 마음을 스쳐 지나갔지만 천천히, 파도로 마음을 집중했다. 서서히 시간이 흐르자 파도가 점점 높아졌다. 파도가 절터를 쓸고 지나갔다. 해가 뜰 무렵, 절은 완전히 사라졌다. 그 자리에 바닷물이 들어차 밀물과 썰물이 반복될 뿐이었다.

승려가 일어나 오나미에게 가까이 다가갔다. 오나미는 깊은 명상에 빠져 있었고 입가에는 잔잔한 미소를 띠고 있었다. 승려가 그를 가볍게 두드렸다. "자, 그 어떤 것도 자네를 이기지 못할 걸세. 정말 거대한 파도가 되었어." 스모 선수로 돌아간 오나미는 단 한 번도 패배하지 않았다.

☑ 교훈

심상 훈련과 명상을 통해 가장 이상적으로 운동하는 모습을 머릿속에 분명하게 각인하라. 몸이 그 이미지를 현실로 받아들이고, 실제로 일어나도록 할 것이다. 이상적인 운동 상태를 시각화한다면, 이를 진짜로 만들어낼 수 있다. 마음이 맑고 몸이 편할 때 심상 훈련의 효과가 극대화된다. 몸 끝까지 숨을 들이마시고 내쉬면서 규칙적인 호흡을 만들어내자.

☑ 질문

가장 이상적으로 운동하는 자신의 모습을 상상할 수 있는가?

개구리와 지네

개구리가 지네를 마주쳤다. 지네가 움직이는 것을 지켜보던 개구리가 외쳤다. "믿을 수가 없군! 도대체 어떻게 그 많은 다리를 조화롭게 움직여서 빨리 기어가는 거지? 난 다리가 고작 네 개밖에 없지만, 그것조차 움직이기 힘든데 말이야!" 그러자 지네가 멈춰서서 잠시 생각에 빠졌다. 그러자 지네는 다리 하나조차 움직이지 못하게 되었다.

☑ 교훈

"지나친 생각은 성적 부진으로 이어진다"라는 스포츠 심리학 격언을 여실히 보여주는 이야기다. '의식적인' 상태를 벗어나 '자동' 상태로 들어가야 훈련하면서 갈고닦은 기술을 경기에서 온전히 발휘할 수 있다. 마음을 자유롭게 풀어주고, 느슨한 상태로 두자. 로봇 같은 상태는 좋지 않다. 기술을 통제하려는 생각을 버리고, 상대방을 읽고 반응하면서 기술이 자연스럽게 발현되도록 두어라.

척추를 따라 모여 있는 신경 조직이 걸을 때마다 균형을 잡도록 돕는다는 사실을 아는가? 이는 거의 반사 작용에 가깝다. 매번 걸을 때마다 어떻게 걸을지 심각하게 생각해야 한다고 생각해보자. 걸음걸음이 지옥 같을 것이다. 차를 운전하는 것에서 운동하는 기술까지, 자연스럽게 자동적으로 할 수 있어야 한다. '근육이 알아서 움직이도록 훈련'하는 경지에 이르러야 한다.

골프를 자동적으로 한다는 것은 깊게 생각하지 않고 스윙을 날린다는 뜻이다. 골퍼들은 골프 연습장에서 스윙 리듬을 타는 데 집중한다. 뛰어난 선수가 라운딩을 돌 때면, 스윙하면서 생각하려고 들지 않는다. 샷을 치면서 목표로 하는 지점에 관심을 둔다. 스윙을 일단 시작하면 1초도 지나지 않아 클럽이 공을 친다. 만일 의식적으로 어떤 시도를 하려고 든다면, 스윙이 뒤틀릴 가능성이 크다. 그렇기 때문에 우수한 골퍼는 알아서 스윙이 되도록 내버려 둔다.

자신의 스포츠 분야에서 기술을 연마하고 경기를 이해하면, 실제 몸을 움직여야 하는 순간에 무의식적으로 움직인다. 야구 명예의 전당에 올라간 오지 스미스는 이렇게 말했다. "리듬을 타면 정말 아무 생각도 안 나요. 모든 일이 알아서 일어나죠."

연습하고, 연습하고, 또 연습하면 성과가 당신에게 주어진다. 당신이 성과를 내야 하는 게 아니다. 흐름이 자연스럽게 나오는 것이다. 기운을 사용하되, 억지로 성과를 짜내지 마라.

경기 중에 내 기술을 믿을 수 없다면, 왜 그렇게 열심히 연습하는 거지?

고수의 과녁

활쏘기 대회에서 여러 번 우승한 젊은 궁사가 우쭐해져서 실력이 뛰어나다는 고수를 찾아 대결을 신청했다. 젊은 궁사는 첫 번째 화살로 과녁 한복판을 꿰뚫었고 두 번째 화살로는 첫 번째 화살을 둘로 쪼갰다. 그만큼 굉장한 기술을 갖춘 궁사였다. "자, 당신도 이만큼 할 수 있을까요?" 궁사는 의기양양하게 외쳤다. 이에 전혀 개의치 않은 고수는 화살을 쏘는 대신, 산을 오르기 시작했고, 상대방의 의사가 궁금해진 궁사는 순순히 함께 산을 올랐다. 그들의 발걸음은 깊은 협곡에 도달하고 나서야 멈췄다. 그곳에는 협곡 양쪽을 가로지르는 엉성하고 흔들림이 심한 통나무가 하나 있었다. 이 위험한 통나무 위에 침착하게 발을 얹은 고수는 통나무 정중앙까지 걸어갔다. 그러고는 한참 멀리 떨어져 있는 나무를 과녁 삼아 활을 당겨서 깔끔하게 화살을 쐈다. "자, 이제 당신 차례요"라고 말하면서 고수는 우아하게 땅바닥을 밟았다. 바닥이 보이지 않을 만큼 새

까만 심연을 두렵게 바라보던 궁사는 화살을 쏘기는커녕 통나무에 한 발도 들일 수 없었다. 젊은 궁사의 당혹감을 눈치챈 고수는 "당신의 활쏘기 실력은 매우 뛰어나오. 하지만 활을 놓을 수 있는 마음은 아직 훈련이 덜 되었구려"라고 말했다.

☑ 교훈

지금 이 순간에 일어나길 바라는 일에 집중해야 원하는 일이 일어난다. 일어나지 않았으면 하는 일에 신경을 곤두세우면 될 일도 되지 않는다. 이런 확고한 마음이 있어야 다른 비슷한 기술을 가진 선수 중에 우뚝 설 수 있다. 진정한 목표는 가장 어려운 상황에서도 제 실력을 내는 것이다. 다양한 환경에서 다양한 스타일의 경쟁자와 함께 운동하면 전반적인 수준이 올라간다. 즉, 안전지대 바깥으로 발걸음을 내디뎌야 한다. 좀 더 어렵고 새로운 도전을 찾아라.

☑ 질문

일어나길 바라는 일에 집중하는가?

걸작

한 명필가가 종이에 글씨를 쓰고 있었고, 통찰력이 뛰어난 학생 한 명이 그를 지켜보았다. 명필가가 글을 쓰고 나서, 학생의 의견을 물었다. 그러자 학생은 만족스럽지 않다고 답했다. 명필가가 다시 글을 썼지만, 여전히 학생은 고개를 저었다. 몇 번이고 반복해서 같은 글씨를 다시 썼지만, 그때마다 학생은 마음에 들지 않아 했다. 학생이 뭔가 다른 일에 관심을 돌린 순간, 명필가는 그 순간을 놓치지 않고 순식간에 글자를 완성했다. "자, 이번엔 어떤가?"라고 물었다. 학생이 고개를 돌려 글자를 바라보았다. "이것은… 걸작이군요!"라고 감탄했다.

☑ 교훈

운동은 본능적으로, 창조적으로, 즉석에서 해내야 한다. 이렇게 되려면 '열심히'가 아니라 '여유 있게' 시도해야 한다. 다른 사람에게 깊은 인상을 남기거나 특정 목표를 얻으려고 하는 대신, 자신에게 자연스러운 일을 하라. 정상에 오른 테니스 선수는 물 흐르듯이 공을 다룬다. 이와 반대로, 뛰어나지 않은 선수는 지나치게 긴장하고 자의식이 강해서 스스로를 망친다.

내 감각에 의지해서 별다른 의식 없이 경기를 하는가?

진정한 평화

어느 왕이 평화를 가장 잘 표현한 화가에게 상을 주겠다고 선언했다. 많은 예술가가 작품을 왕에게 선보였다. 모든 그림을 살펴본 왕은 두 개의 그림을 가장 마음에 들어 했다. 이제 두 작품 중에 하나를 고르기만 하면 됐다. 한 그림은 주위에 솟은 산을 비추는 고요한 호수의 모습이었다. 산 너머로 폭신폭신한 하얀 구름과 푸르디푸른 하늘이 보였다. 누구나 좋아할 만한 그림이었다. 이 장면이야말로 완벽한 평화라고 사람들은 생각했다. 다른 그림에도 산이 그려져 있었다. 하지만 이 산들은 헐벗은 바위산이었다. 거친 하늘에서는 비가 내렸고 번개가 쳤다. 산 한쪽에는 물이 거품을 일으키며 폭포처럼 떨어지고 있었다. 이보다 평화롭지 않은 그림은 찾기 힘들 정도였다.

두 번째 그림을 살펴보던 왕은 바위 틈으로 작은 덤불이 자라고 있는 것을 발견했다. 덤불 안에 어미 새가 둥지를 틀고 있었다. 폭포가 사납게 몰아치는 한가운데에 어미 새가 더할 나위 없는 평온함 속에 앉아 있는 모습이었다. 왕은 두 번째 그림을 골랐다. "평화란 잡음도, 문제도, 힘든 일도 없는 상태가 아니다"라고 왕이 설명했다. "평화란 모든 세상만사가 존재하는 가운데에서도 평온한 마음을 갖는 것이다. 그것이야말로 진정한 평화다."

☑ 교훈

진정한 평화는 마음에서 온다. 중요한 경기나 결정적인 상황에서 우왕좌왕 혼란스럽고, 온갖 시선을 빼앗기더라도 평온한 상태를 유지하라. 숨을 깊게 들이쉬고, 가지고 있는 모든 에너지를 눈앞의 목표에 쏟아라. 당신이 허락하지 않는다면, 그 어떤 외부 요인도 내면으로 들어오지 못한다. 그러니 어떤 상황에서라도 내가 이길 수 있다는 마음을 잃지 마라. 득도의 경지에 도달한 선수는 게임이 마치 슬로모션처럼 천천히 진행되면서 코트, 볼, 필드를 전체적으로 조망하고 그 순간에 본능적으로 반응하는 법이다.

☑ 반성

경쟁의 분위기가 과열된 순간에도 침착하고 냉정할 수 있는가?

호랑이 그림

한 수도승이 산속 동굴에 살고 있었다. 그는 명상하고, 자아를 성찰하며, 동굴 벽에 호랑이를 그렸다. 그 그림은 너무나 사실적이어서 그림이 완성되자 수도승조차 호랑이가 두려워졌다. 결국 그는 동굴에 머무를 수가 없었다.

☑ 교훈

상대방을 있는 그대로 바라보라. 현실이 아닌 가공의 무엇으로 탈바꿈하지 마라. 상상력이 도를 지나치면 초조해진다. 자신은 사냥꾼이고 상대편은 호랑이 그림이라고 상상하라. 어떤 그림을 선택하느냐는 당신의 마음에 달려 있다. 집중해서 두려움 없이 바라볼 수 있는 존재를 머릿속으로 그려보자. (상상 속) 호랑이 때문에 두려움에 떨지 않고 자신을 거대한 파도라고 생각하자.

☑ 질문

상상 때문에 두려움을 키우고 있지는 않은가?

호흡

절에서 1년을 보낸 수도승이 불평했다. "내가 배운 건 고작 호흡뿐이야." 5년이 지나자 수도승이 다시 불평했다. "내가 배운 건 호흡뿐이야." 오랜 세월이 지나 깨달음을 얻게 된 수도승이 웃음을 짓더니 말했다. "아, 마침내 호흡에 대해 알게 되었구나."

☑ 교훈

깊은 호흡을 제대로 이해하기 위해 배우고 연습하라. 스트레스를 받으면 호흡이 얕아진다. 그러면 산소가 줄어들고 근육이 긴장한다. 들숨이 얼마나 걸렸든 최대한 날숨을 오래 뱉어라. 그래야 몸의 긴장이 풀어진다. 제대로 호흡하면 몸속 스트레스와 긴장이 줄어들고 지금 이 순간으로 마음이 돌아온다. 성공적인 자유투를 던지는 선수가 슛을 던지기 전에 깊게 숨을 마시는 것을 살펴보라.

☑ 질문

하루 종일 깊고 편안하게 숨 쉬고 있는가?

이 또한 지나간다

한 학생이 명상 스승에게 다가가 말했다. "내 명상은 끔찍해요. 쉽게 딴짓을 하거나 다리가 아파져요. 아니면 잠들어버리죠. 형편 없어요!" 스승은 "그 또한 지나갈 것이다"라고 건조하게 말했다. 일주일이 지나자 학생이 스승에게 다시 돌아와 말했다. "명상은 정말 굉장해요! 나는 깨어 있고, 평화로우며 생생하게 살아 있어요. 근사해요!" 다시 스승은 건조하게 말했다. "그 또한 지나갈 것이다."

☑ 교훈

모든 일은 일시적이다. 스포츠에서는 그 어떤 것도 정적인 상태로 머물지 않는다. 운동 슬럼프는 왔다 사라진다. 무아지경으로 운동하는 시간 역시 왔다 사라진다. 모든 선수가 정신적으로든 성적으로든 좋은 시절과 고비를 번갈아 겪는다. 슬럼프에 빠졌다고 당황하지 마라. 곧 지나간다. 성적이 더할 나위 없이 좋다면 한껏 즐겨라. 운동하다 생긴 뻐근한 근육통도 언젠가는 사라진다. 모든 것이 지나간다.

성과의 기복을 받아들일 수 있는가?

장작과 물

한 제자가 위대한 스승에게 깨달음을 얻으려면 어떤 일을 해야 하는지 물었다. 나이 많은 스승이 대답했다. "장작을 패고 물을 날라라." 제자는 10년간 충실하게 임무를 수행했다. 절망한 제자가 다시 돌아와 스승에게 말했다. "말씀하신 대로 수행했습니다. 10년 동안 장작을 패고 물을 날랐지만, 아직 깨달음을 얻지 못했습니다. 저는 무엇을 해야 할까요?" 스승이 답했다. "계속 장작을 패고 물을 날라라." 제자는 다시 임무를 수행했다. 또다시 10년이 지났다. 그 세월 동안 제자는 성숙했고 마침내 깨달음을 얻어 오랜 스승에게 돌아왔다. "스승님." 제자가 말했다. "깨달음을 얻었습니다. 현자가 되었어요. 이제 무엇을 해야 할까요?" 스승이 대답했다. "현자여, 장작을 패고 물을 나르시오." 제자는 스승에게 절하고 돌아가 장작을 패고 물을 날랐다.

기술의 기본을 닦아라. 뛰어난 성적을 거두려면 수준 높은 훈련을 해야 한다. 미식축구 명예의 전당에 오른 쿼터백 로저 스타우바크가 말했다. "영화 같은 업적 뒤에는 전혀 흥미롭지 않은 준비가 있죠." 매사를 지나치게 분석하지 말고, 지금 이 순간의 훈련에 온전히 몰두하라. 매사를 간단하게 하라. 굳이 일을 어렵게 만들 필요가 없다.

☑ 질문

훈련에 집중하고 있는가, 아니면 별생각 없이 시늉만 내고 있는가?

노인과 급류

한 노인이 급류에 휩쓸렸다. 그대로 뒀다가는 곧 높고 위험한 폭포로 떨어질 판이었다. 모든 사람이 그가 무사할까 걱정했다. 하지만 그는 폭포 밑바닥에서 상처 하나 입지 않고 살아 나왔다. 어떻게 살았냐고 묻는 사람에게 그는 이렇게 대답했다. "그저 물에 몸을 맡겼죠. 물에 덤비려고 하지 않았어요. 생각을 멈추고 흐르는 물살에 몸을 놔두었습니다. 그래서 살아남았어요."

☑ **교훈**

오늘 경기 라인업, 훈련 일정, 경기장 상태 등의 환경이 바뀌면 그에 맞춰 생각, 느낌, 행동을 수정하라. 지나치게 고정적이고 방어적인 마음은 상황을 악화할 뿐이다. 최적의 상태에서 활동하도록 흐름에 몸을 맡겨라. 포기하면 통제권이 손에 주어진다. 경기가 끝나갈 때, 팬들이 비명을 지르고 있을 때, 상대방이 전술을 바꿨을 때, 심판이 팀원을 퇴장시킬 때, 해결책을 굳이 찾으려고 하지 마라. 폭풍을 받아들이고 승리를 거둬라. 압박감이 심한 상황에서도 노력하는 요령을 찾아내라. 마지막 샷을 위해 공을 쫓고, 우승을 결정짓는 퍼팅 기회를 노리고, 역전을 위해 터치다운 할 틈을 노려라. 결승전에서 버저비터(농구에서 경기 종료를 알리는 버저 소리와 함께 들어가는 골)를 꿈꾸거나, 월드시리즈에서 홈런을 치고 유유히 홈으로 들어오는 모습을 상상하는 이들이 얼마나 많은가! 압박감을 이기지 못해 그런 꿈같은 순간을 포기해선 안된다.

☑ **질문**

미처 예상하지 못했고, 전혀 바라지 않던 상황에 닥쳤을 때 잘 적응할 수 있는가?

승리의 동전

운명을 가르는 전투에서, 한 장군이 아군 숫자가 훨씬 적은데도 공격하기로 마음을 먹었다. 장군은 아군이 이길 것이라고 자신했지만, 부하들은 의심스러운 눈초리로 상사를 쳐다보았다. 전쟁터로 나가는 길에, 그들은 신전에 잠시 멈춰 섰다. 기도를 올리고 난 뒤, 장군이 동전 하나를 꺼내고는 이렇게 말했다. "동전을 던질 겁니다. 위쪽이 나온다면 우리 편이 승리하고, 아래쪽이 나온다면 패배하겠죠. 운명이 드러날 때입니다." 그는 공중으로 동전을 던졌고, 모두 동전을 유심히 쳐다봤다. 위쪽이 나왔다. 기쁨과 자신감으로 가득 찬 병사들은 적을 공격해서 승리를 거뒀다. 전투가 끝난 뒤, 한 장교가 장군에게 말했다. "그 누구도 운명을 바꿀 수는 없죠." 장군은 "맞는 말일세"라고 대답하며 동전을 꺼내 장교에게 보여주었다. 그 동전은 앞뒤 모두 똑같은 모양을 하고 있었다.

☑ 교훈

내 운명은 내 손으로 개척해야 한다. 이룰 수 있다고 진심으로 믿어야 현실이 된다. 내 분야에서 큰일을 해낼 수 있다고 확신하고, 꾸준히 노력해서 영광을 쟁취하라. 여전히 망설여진다면, 양쪽 모두 똑같은 모양의 동전을 던져봐라.

예언이 알아서 실현될 것이다.

☑ **질문**

절대 실패할 수 없다고 생각하고 행동하면 얼마나 뛰어난 결과를 만들어낼
수 있을까?

두 마리 토끼

무술을 연마하는 제자가 스승을 찾아가 질문을 던졌다. "무술 실
력을 더 키우고 싶습니다. 다른 스승님을 찾아 다른 무술도 배워보려
합니다. 어떻게 생각하시나요?" 스승이 대답했다. "두 마리 토끼를
쫓는 사냥꾼은 한 마리도 잡지 못한단다."

☑ **교훈**

승리를 쟁취하려면 한 번에 하나씩 해야 한다. 지금 손에 쥐어진 것에 온 정
신을 집중하고, 너무 앞서 나가거나 두 가지 일을 한꺼번에 하려고 해선 안
된다. 모든 것을 다 하려고 들다가는 아무것도 해내지 못한다. 다음 경기는
다음에 생각하라. 훈련 프로그램과 경기 계획에 자신감을 가져라. 코치와 코

치의 가르침을 신뢰하라. 충고를 얻고 싶다면, 누구에게 물어볼지 신중하게 선택해라. '토끼 한 마리'의 마음가짐으로 경기를 하라.

테니스 코치가 내게 해준 이야기가 있다. "아이들에게 테니스를 가르쳐달라고 요청한 어머니가 있었죠. 그러더니 자식들을 다른 코치에게도 데려가더군요. 아이 중 한 명이 저에게 다시 돌아왔을 때는, 이미 다른 유형의 스트로크를 익힌 상태였어요. 그때부터 일이 잘 풀리지 않겠구나 직감했죠."

☑ 질문

한 번에 하나씩 해치우기 위해 모든 에너지와 노력을 쏟고 있는가?

여관

어느 영적 지도자가 왕궁을 찾았다. 지도자는 왕좌에 앉아 있는 왕에게 다가갔다. "원하는 것이 무엇이오?" 지도자를 알아본 왕이 물었다. "이 여관에서 하룻밤 머물고자 합니다." 지도자가 대답했다. "하지만 이곳은 여관이 아니오. 여기는 궁이오"라고 왕이 대답했다. "왕이시여, 당신이 왕이 되기 전 누가 이 궁전을 갖고 있었나요?" "나의 아버지가 갖고 있었소. 승하하셨지만 말이오." "그렇다면 아버지 이전에는 누구의 소유였나요?" "나의 조부의 소유였소. 그분 역시 작고하셨소." "그렇다면 사람들은 이 장소에 잠시 머물렀다 사라지는 거군요. 그럼에도 이곳이 여관이 아닌가요?"

☑ 교훈

스포츠의 수명은 인간의 수명보다 길다. 우리는 시간을 잠시 빌려 쓰고 있을 뿐이다. 아무리 뛰어난 사람이라도 결국은 그 커리어가 끝나는 시점을 맞게 된다. 신기록 보유자들이 흔히 말하듯 "모든 기록은 깨지기 위해 존재한다". 우리가 속한 스포츠 팀은 저 이야기에 나오는 여관과 같은 존재다. 사람은 그저 스쳐 지나갈 뿐이다. 손안에 주어진 시간을 최대한 활용해서 일말의 후회도 없이 경기장을 떠날 수 있어야 한다.

☑ 질문

경기를 끝내고 나갈 때, 어떤 사람으로 기억되고 싶은가?

조각상

한 젊은이가 가보로 내려오는 진흙 조각상을 갖고 있었다. 그는 이것이 반짝반짝 빛나도록 항상 닦았다. 젊은이는 돈을 벌기 시작하자 돈을 일부 따로 떼어내서 조각상을 금으로 덮었다. 완성되고 나니 그 조각상은 젊은이가 바란 모습 그대로 완벽해졌고, 사람들은 조각상을 보고 감탄했다. 황금 조각상을 갖고 있다는 사실에 그는 매우 만족했고 자랑스러웠다. 하지만 금은 진흙에 잘 붙지 않았고, 시간이 지나자 조금씩 떨어져 나와 진흙이 드러났다. 그래서 젊은이는 계속해서 금을 사서 붙여야 했다.

정신을 차려보니, 그는 모든 자원과 시간을 금을 붙이는 데 쏟아붓고 있었다. 어느 날, 수년 동안 고향을 떠나 있던 할아버지가 돌아왔다. 그는 금으로 뒤덮인 조각상을 할아버지에게 보여주고 싶었다. 하지만 여기저기 진흙이 새어 나왔고, 그는 당황했다. 노인은 웃음을 짓더니 더할 나위 없이 소중하다는 듯 조각상을 감상했다. 그러더니 천에 물을 묻혀 조각상을 문질렀고, 진흙이 조금씩 떨어져 나갔다. "오래전에 이 조각상을 진흙에 빠뜨린 적이 있었단다. 너는 너무 어려서 잘 몰랐겠지. 원래 모습을 잊어버린 너는 이것이 그저 진흙 조각상이라고 생각했던 거야." 진흙이 떨어진 자리를 젊은이가 살펴보자, 황금색이 찬란하게 빛나고 있었다. "조각상은 황금으로 만들어졌단다. 원래 그랬어. 굳이 진흙 위에 황금을 덮을 필요가 없었어. 이제야 진정한 모습을 알게 되었구나."

☑ 교훈

최고의 성적을 낼 수 있는 비결은 당신의 마음 안에 있다. 기억하라, 다른 사람의 위대함을 알아챌 수 있다면, 당신에게서도 그 위대함을 찾을 수 있다. 진흙 속에서 금을 찾고, 그 금을 감사히 여겨라. 의심을 비롯한 정신적 방해물을 뛰어넘어서 진흙을 없애버려야 한다. 당신의 숨은 황금이 빛나도록 해라. 아직 드러나지 않은 자신의 위대함을 유감없이 드러내라. 숨은 잠재력을 선보여라.

☑ 질문

나 자신을 스스로 챔피언이라고 생각하는가?

'수도승과 거울' 이야기에 나오는 겸손한 수도승처럼 자신의 상황에 온전히 책임을 지고 있는가? 스트레스가 심각한 상황에서도 '진정한 평화'에 나오는, 성난 폭포 아래에서 평온한 마음을 유지하는 어미 새처럼 행동할 수 있는가? 자기 반성을 위한 질문에 꼭 답하라. 이 일화들은 오랜 세월에 걸쳐 인류가 마주친 도전을 바탕으로 만들어졌다. 인생에서 가르침이 필요한 순간, 여기에서 얻은 교훈이 도움이 되길 바란다.

시합에서도 훈련에서도 이기기 위해 경기한다.
나의 경쟁심, 나의 의지는 아무것도 막지 못한다.
— 마이클 조던

Part 2

챔피언의 멘탈

경기장 밖에서도 통하는
스포츠 멘탈

03

THE CHAMPION'S MIND

정신의 근육을
단련하라

어떤 선수는 승리를 위해 경기하고, 어떤 선수는 지지 않기 위해 경기한다. 어떤 선수는 시합 자체를 즐기지만, 어떤 선수는 실수하지 않기 위해 노력한다. 챔피언이 되려면, 좋은 성과를 내기 위해 애쓰고 승리를 위해 게임해야 한다. 무언가를 만회하기 위해 전전긍긍하는 쪽보다는, 가치 있는 무언가를 좇는 편이 훨씬 즐겁다.

　메달, 샷, 처음 따낸 포지션, 장학금, 후원금, 혹은 지금을 즐기거나 좋은 스코어를 내기 위해 게임에 임해야 한다. 지지 않으려고 하는 시합은 절대 이길 수 없다. 잃을 것만 많고 얻을 것이 없다. 지지 않기 위해 경기를 하는 것과 이기기 위해 경기를 하는 것은 아래와 같은 차이점이 있다.

- 지지 않으려고 하는 게임은 공포가 기반이다. 승리하기 위해 하는 게임은 자신감에 근거한다.
- 지지 않으려고 경기를 하면 항상 당황하게 된다. 이기기 위해 경기를 하면 빈틈이 없다.
- 실패하지 않으려고 하면 노력이 부족하거나 지나치게 되어, 역량을 제대로 발휘하지 못한다. 성공하기 위해 경기를 하면 여유가 생긴다.
- 지지 않으려고 하면 근육이 긴장하면서 실수가 발생하고, 이기려고 하면 긴장하지 않고 최선의 결과가 나온다.
- 지지 않겠다는 것은 생존의 문제지만 이기겠다는 것은 좀 더 풍요로워지겠다는 의사 표현이다.
- 지지 않겠다고 이를 악물면 매 순간이 스트레스다. 이기기 위해 경기를 하면, 특별한 순간이 만들어진다.

미국의 축구 스타 애비 웜백은 이렇게 말했다. "시도하는 대로 족족 이길 순 없죠. 영광의 그날을 위해서는 실패, 완전히 모든 것을 망칠 수도 있다는 것을 받아들여야 합니다." 실패를 받아들일 줄 알아야 한다. 그래야 실패했을 때 남들이 나를 어떻게 생각할지 걱정하는 일이 줄어들고, 현명하게 위험을 감수하고 나 자신의 경기를 할 수 있다.

운동선수의 길을 걷다 보면 가장 치열하게 싸워야 하는 두 적과 만난다. 승리에 대한 두려움과 실패에 대한 두려움이 바로 그것이다. 이 둘을 해치워야 진짜 목표를 달성할 수 있다. 마음속 싸움에서 이기려면, 두려움을 정면으로 마주하는 요령을 배워야 한다. 가장 뛰어난 자신이 되기 위해 대담해져라.

미안한 기색 없이 승리를 취해도 괜찮다. 상대방을 큰 차이로 이기거나 큰 대회에서 우승하는 것을 두려워하는 선수도 있다. 상을 받을 만한 자격이 없다고 생각하거나, 스포트라이트를 받기를 원치 않는다. 하지만 생각해보자. 당신이 승리하면 안 될 이유나 지금 상을 못 받을 이유가 있을까? 자신이 재능 있는 선수고, 충분히 그럴 만한 자격이 있다고 생각해야 한다. 좋은 결과를 위해 열심히 준비해왔다면 당신은 상을 받아도 된다. 자신의 성과를 자랑스러워해야 한다. 작은 목표에 안주하거나 더 큰 성공을 이뤄낼 수 있는 능력을 과소평가하지 마라. 빛나는 영광을 위해 질주하라!

실패도 할 수 있다. 큰 대회에서 실패할까 봐 두려워하는 이도 있다. 실패하면 사람들이 자신을 한심하게 여길지도 모른다고 두려워하거나 다른 이를 실망시키고 싶지 않다고 생각한다. 현명한 선수라면, 그저 최선을 다해 훈련하고 경쟁하면 된다. 다른 선수가 어떻게 생각하든, 그것은 그들의 개인적인 의견일 뿐이고 당신이 신경 쓸 이유가 없다. 만족스러운 결과를 얻지 못했다고 지나치게 낙심할 필요도 없다. 패배를 새로운 시작, 혹은 더 큰 성장을 위한 고통으로 바꿔보자. 패배가 모든 것의 끝일 이유가 있을까? 찾으려고만 한다면, 경쟁과 기회는 사방에 널려 있다. 공자는 "절대 실패하지 않는 것이 아니라, 실패할 때마다 오뚝이처럼 다시 일어나는 것, 이것이 가장 큰 광영이다"라고 말했다.

10종경기(100미터, 멀리뛰기, 포환던지기, 높이뛰기, 400미터, 110미터 장애물 경기, 원반던지기, 장대높이뛰기, 창던지기, 1,500미터, 총 열 개의 경기를 해서 높은 점수를 기록한 사람이 이기는 경기) 선수 댄 오브라이언은 더 높은 곳으로 도약하기 위해 실패를 십분 활용했다. 그는 1992년 바르셀로나 올림픽의 금메달 유망주로 주목받았지만, 장대높이뛰기에서 0점을 받아 선발전에서 탈락했다. 그는 실패에 휘둘리지 않고 이 경험을 밑천 삼아 더 노력했고, 마침내 1996년 애틀랜타 올림픽에 출전해 세계 신기록을 깨고 금메달을 가져갔다. 댄은 실패에 대해 이렇게 말했다. "하고 있는 일에 자부심을 가지세요. 포기하지 않는 한, 실패해도 괜찮다는 것을 명심하세요."

슬로건의 힘

> 개인은 물 한 방울에 불과하지만 함께라면 바다를 이룬다.
> ─ 류노스케 사토로(시인)

팀의 성적을 최대로 끌어올릴 때도 태도가 중요하다. 매년 팀의 슬로건이나 테마를 정해서 다 함께 자극받고, 같은 흐름을 타도록 하

자. 브레인스토밍 하면서 창조성을 한껏 발휘하자. 팀의 목표 달성을 위해 힘이 되도록 슬로건을 잘 보이는 곳에 붙여놓는다. 몇 가지 사례를 살펴보자.

뉴욕 자이언츠에서 코치로 승승장구하던 시절, 빌 파셀스는 라커룸에 "아무도 탓하지 마라. 아무것도 기대하지 마라. 직접 움직여라"라는 슬로건을 붙여놓았다. 그의 간단명료한 성격을 여실히 보여주는 문장이다.

애리조나 다이아몬드백스가 2011년 디비전리그에서 꼴찌를 기록하다 1등으로 대역전을 일으킨 배경에는 네이비씰(해군 특수 부대)이 있었다. 봄 훈련 기간 동안, 네이비씰의 삼인조가 팀을 방문했고, 한 시간 동안 강한 정신력을 주제로 대화를 나눴다. 그들은 화이트보드에 'DWI'라는 세 글자를 썼다. "해치워 버려(Deal with It)!" 네이비씰이 수호하는 이 직설적인 문장은 다이아몬드백스의 팀 슬로건이 되었다. 당신도 이를 적용하면 된다. 위기 상황에 닥치면 그것을 그냥 해치워 버려라. 당신은 할 수 있다.

나와 함께 일했던 팀들이 사용한 슬로건을 더 소개하려고 한다.

- 허풍을 떨지 말고 진실로 만들어라.
- 자신을 벗어나서 팀 속으로 들어가라.
- 팀워크가 있어야 꿈꾸던 일이 이루어진다.
- 그들이 틀렸다는 것을 증명하라.
- 탁월해지겠다는 약속을 지켜내라.

- 똘똘 뭉쳐야 강해진다.

- 위대해지겠다는 야망을 품어라.

- 무슨 일이 있더라도 해라.

- 크게 생각하고, 크게 놀아라.

'정신의 로커'에 모든 것을 두고 와라

연습하거나 경기하는 동안, 개인적인 걱정거리를 생각하지 말아야 한다. 스포츠 특기생이 중간고사를 걱정하는 것처럼 말이다. 이런 부담들은 정신의 로커에 넣어두고 필드나 링크, 코트로 들어서라.

"외부의 것은 밖에 두고 오라"라는 무술 격언이 있다. 왜 그래야 할까? 정신을 다른 데 빼앗긴 선수는 패배하기 때문이다. 도장에 들어가는 순간 스포츠 모드로 돌입해야 한다. 눈앞의 목적에 모든 에너지를 쏟아부으려면 다른 생각에서 자유로워져야 한다.

걱정거리는 언제나 있다. 큰 걱정이든 사소한 걱정이든 없을 수가 없다. 그렇더라도 나중에 스포츠 모드를 껐을 때 신경 쓰는 편이 효과적이다. 고민에 집중할 시간을 따로 마련해 문제를 해결해라.

또 한 가지 염두에 두어야 할 것은 스포츠 모드를 끄면 그때부터 훈련이나 경기를 곱씹지 않아야 한다는 것이다. 운동이 아닌 삶의 다른 부분을 정리하고 휴식을 취하면 다음 날 새로운 마음, 새로운 에너지로 운동할 수 있다.

비장해지지 마라

긴장은 풀되 정신을 빠짝 차리고 있어야 최고의 성적이 나온다. 결의에 차서 심각한 표정을 짓고 있으면 근육만 수축될 뿐이다. 중국 속담을 기억하라. "'내가 이래야 한다'라고 생각하는 것이 긴장이다. 지금 자신의 모습 그대로 있어야 긴장이 사라진다."

자신이 아닌 무엇이 되려고 하지 마라. 최상의 상태에 있을 때 자연스럽게 나오는 반응을 드러내면 된다. 어떻게 대응할지를 고민하지 마라. 눈을 가늘게 뜨고 긴장한 채 억지로 몰입할 필요는 없다. 평소의 모습 그대로 게임을 하고, 자신만의 경기를 하면 된다.

정확한 타이밍을 기다려라

너무 간절하게 승리를 원하면 마음이 초조해지고 불안해지기 십상이다. NHL(북미 아이스하키 리그) 명예의 전당에 이름을 올린 아이스하키 골키퍼 에드 벨포는 "간절히 이기고 싶어 하거나 팀에 도움이 되고 싶다는 생각에 너무 열중하면 과하게 노력하게 된다. 자연스럽게 경기하는 것이 가장 좋다"라고 말했다.

경기하는 종목이 무엇이건, 운명의 순간이 올 때까지 기다리는 법을 배워야 한다. 엄격하게 훈련하고, 참을성 있게 기다리고, 결단력 있게 행동한다. 예를 들어, 완투(구원투수의 등판 없이 혼자 모든 공을 던지는 것)를 노리는 야구 투수, 적을 내리꽂는 순간을 노리는 주짓수 선수, 미식축구에서 수비선을 넘으려고 기회를 엿보는 러닝백처럼 말이다.

행동하는 그 순간 스스로에게 압력을 가하거나 억지로 힘을 쏟는가? 억지로 할 거면 아무것도 하지 마라. 자유롭게 흐르도록 놔두라. 당신이 몸에 새긴 재능이 어떤 제약도 없이 흘러나오도록 그대로 두어라. 경기에 자연스럽게 녹아들어라. 몰입하되 무리수를 두지 않는 것이 중요하다.

결과보다 과정에 집중하라

경쟁할 때는 승리라는 '결과'가 아니라 승리하기 위해 '해야 하는 일'에 집중하라. 경기 자체에 집중하고, 지금 시합을 위해 무엇을 해야 하는지에만 신경 쓰라는 것이다. 미래를 상상하지 말고, 경쟁하는 과정을 즐겨라. 마지막 순간이 되기 전에는 최종 결과에 연연하지 마라. 경기 이외의 결과나 외부 요소는 생각하지 않아야 한다. 그래야 순수하게 과정에 몰입할 수 있다. 지금 이 순간에 지난 경기, 다음 경기는 아무 쓸모도 없다.

"우리 팀이 이길 수 있을까?" 혹은 "감독이 나를 경기에 내보내지 않으면 어떡하지?" 같은 생각은 치워버려라. 대신 "이기려면 지금 당장 어떤 행동에 집중해야 하지?" 혹은 "지금 이 순간의 목표가 무엇이지?"라고 끊임없이 질문을 던져라. 상황이 어떻든 투수는 전력을 다해 공을 던지기 전에 몸을 풀고, 매번 자신이 원하는 위치에 공을 던지는 데 온 신경을 집중한다. 격차가 벌어진 점수를 걱정하거나 승리를 기대할 필요가 없다.

훈련하고 준비하면서 과정을 어떻게 개선할지 관심을 쏟아라.

챔피언이 되려면 훈련에서도 시합에서도 과정에 중심을 둬야 한다. 한 전도유망한 테니스 선수는 이런 말을 했다. "결과에 집중하라는 말을 무시하기는 어려워요. 그래도 저는 천천히 속도를 높이고, 테니스 스텝을 훈련했죠. 조금씩 실력이 붙을 때마다 이를 알아챈 사람들이 기대치를 억지로 높였지만 나는 원래의 계획과 과정을 고수했어요."

중요한 것만 생각하라

운동선수들은 운동 방식을 복잡하게 만든다. 마치 스포츠가 충분히 복잡하지 않다는 듯이 말이다! 하지만 "공을 보고 쳐버려"처럼 생각이나 이미지가 최대한 단순해야 최고의 성적이 나온다. 쉽게 부담감을 느끼거나 지나치게 분석하는 편이라면, 목적에만 집중하고 그 외의 것은 최소한으로 만들어야 한다.

KISS 원칙을 떠올려라. "Keep It Simple and Straightforward." 간단하고 직관적으로 만들라는 원칙이다. 사고 과정을 좁혀서 극도로 간단하게 만들어라. 올림픽 금메달을 아홉 번 땄고, 국제육상경기연맹에서 20세기의 대표 남자 운동선수로 뽑힌 육상 선수 칼 루이스는 자신의 사고 과정을 이렇게 묘사했다. "큰 경기를 앞두고 내가 하는 생각은 꽤 간단해요. 장애물을 넘고, 레이스를 하고, 긴장을 푸는 거죠."

골프 챔피언은 골프 코스를 어떻게 헤쳐 나갈지 요령 있게 계획한다. 매 샷, 매 홀마다 계획을 세운다. 페어웨이로 공을 날리고, 그린에 공을 올려놓은 뒤 퍼팅을 한다. 한 라운드를 돌 때, 고작 한두 개의 스윙 키(스윙할 때 유의할 핵심 포인트)나 리마인더(골프채를 잡는 손이 일정한 라인을 이루도록 도와주는 표식)가 쓰인다. 골프는 게임 자체가 핵심이지, 스윙이 중심이 아니기 때문이다. 즉, 불필요한 테크닉에 집중하지 않고, 홀에 공을 넣기 위해 목표물을 바라봐야 한다.

민첩하고 차분하게 움직여라

일이 잘못되거나 압박이 심해지면, 속도가 빨라진다. 걷는 속도, 말하는 속도 모두 영향을 받는다. 서두르고 싶은 마음이 들 수도 있지만 그럴 때는 실수를 줄이기 위해 속도를 줄여야 한다. 중압감을 견디다 못해 어떻게든 어려운 상황에서 벗어나겠다고 서두르는 것을 주의해야 한다. 충동대로 움직이더라도 포기하거나 될 대로 되라는 심정으로 움직이지 않아야 한다.

깊고 고르게 숨을 쉬면 주위 속도가 느려지고, 시간도 천천히 가는 것 같다. 정신적, 육체적 흐름을 차분하게 유지하면서 경기에 임하는 침착한 사람이 되어라. 전설적인 농구 감독 존 우든은『인생 코칭』이라는 자신의 저서에서 유명한 격언을 쏟아냈다. 우든의 명언 중 "민첩하라. 하지만 서두르지는 마라"라는 말은 정말 끊임없이 되새겨야 할 조언이다. 농구 포인트가드나 미식축구 쿼터백은 민첩하고 기민하게 움직이는 동시에 침착하고 차분하게 경기에 임해야 한다. 언뜻 불가능해 보이지만 의식하면서 연습하면 누구나 가질 수 있는 능력이다.

성공 경험을 기억하라

좋은 성적을 낸 날, 최선을 다한 경기, 마법 같았던 순간 등을 주기적으로 떠올려보자. 자축하는 기분을 다시 느껴보고 스스로 뿌듯했던 감정에 관심을 기울이자. 어떤 점이 뛰어났고, 어떤 것이 제대로 먹혔는지 회상해보자. 게임의 하이라이트를 다시 떠올려보면 자신의 잠재력을 새삼 깨닫게 된다.

사람은 자신의 성과나 잘한 점보다는 잘못한 점, 하지 않은 일을 곱씹는 경향이 있다. 잘 치러낸 경기, 개인적인 승리 모두 힘들게 얻은 포상이다. 마음속으로 성공을 되살려서 잘한 일은 스스로 보상해주자.

잘한 일은 자축하고 못한 일은 피드백을 받아 다음에는 더 잘하도록 노력하자. 뛰어난 플레이를 펼쳤거나, 확실한 태도로 상대방의 공격을 다 받아쳤거나, 처음부터 끝까지 최선을 다했으면 긍정 강화 효과를 위해 스스로에게 엄지를 들어주자. 패배를 과대평가하지 말고, 성공을 과소평가하지 마라.

반전의 기회는 항상 있다

전반전에서 최고의 성적을 내지 못했다면, 후반전에 성적을 내면 된다. 챔피언은 후반에 치고 올라오는 데 도가 튼 사람이다. "온종일 잘해낸 일이 하나도 없네…"라고 자책하지 말고, 좋은 일은 언제든 일어날 수 있다고 믿는 유연한 선수가 되어라. 긍정적인 태도를 가지면 언제고 반전의 기회가 나타난다.

1927년 윔블던 준결승전에서 프랑스의 앙리 코셰는 미국의 빌 틸덴을 상대로 패배하기 직전이었다. 틸덴은 윔블던 남자 싱글 챔피언을 두 번이나 가져간 막강한 상대였다. 코셰는 처음 두 세트를 틸덴에게 넘겨주고, 세 번째 세트에서 1-5로 뒤져 있었다. 하지만 그는 포기하지 않고, 기적같이 다섯 세트를 연달아 이기면서 결승전까지 올라갔다.

"상황이 100퍼센트 불리하더라도 모든 노력을 아낌없이 쏟아붓죠. 노력을 멈추지 않아요. 절대 기회가 없다고 생각하지 않습니다." 아놀드 파머가 한 말이다. 역사상 가장 위대한 골프 선수답지 않은가!

미국의 체조 선수 조던 위버는 2011년 세계 체조 개인종합경기 챔피언이었지만, 2012년 런던 올림픽 예선전에서 탈락했다. 가장 유망한 선수였는데 말이다. 탈락했다는 사실을 알았을 때 위버는 울음을 터뜨렸다. 모든 것을 걸고 노력했지만, 금메달을 따겠다는 꿈은 수포가 되었다. 그러나 진정한 챔피언인 그는 좌절감을 훌훌 털고 일어나 팀과 가족의 지원과 격려를 받고 앞으로 나아갔다. 최악의 성적을 낸 지 고작 48시간이 지났을 뿐인데, 그는 단체전 경기에 나섰다. '우리'를 '나'보다 중요시했기에 경기에 집중하고 도마 종목을 깔끔하게 끝냈다. 마침내 미국 팀이 16년 만에 처음으로 금메달을 따는 데 일조했다.

작은 실패는 이를 발판 삼아 성공적으로 재기할 기회를 준다. 요기 베라의 유명한 말을 떠올려보라. "끝날 때까지 끝난 게 아니다."

경쟁하면서 얼마나 뒤처져 있든 혹은 얼마나 앞서 있든 끝날 때까지 계속 달려라. 시즌의 시작이 순탄치 않다 하더라도 끝날 때까지 기운차게 긍정적으로 임하라. 절대 포기하지 않겠다고, 느슨해지지 않겠다고 결심하라.

악착같이 버텨라

어떻게든 일을 끝내는 방법은 있기 마련이다. 악전고투하는 경기도 언젠가 끝난다. 순위권에 올라가지 못했고, 자신의 최고 기록을 경신하지 못했더라도, 그날 경기를 어떻게 끝낼지만 생각하라.

농구대로 골이 들어가지 않는다면, 철벽 수비를 하면 된다. 화가 난다고 타월을 내던지는 대신 경기 속으로 더 깊숙이 들어가라. 상황이 아무리 깜깜하고 희망이 없더라도 포기하지 말아라.

흡족한 결과는 기대하기 어렵지만, 그럼에도 여전히 뭔가 이뤄낼 수 있다고 믿는다면 분명히 성과가 나온다. 최상의 컨디션이 아니어서 최고로 멋있는 모습을 보여주지 못하더라도 일단 효과적으로 성적을 내는 것, 혹은 일이 잘 안 풀릴 때도 그럭저럭 괜찮은 날을 만드는 것에는 나름의 아름다움이 있다. 기죽지 말고 힘든 상황에서 악착같이 버티자.

네 번이나 메이저 우승을 거둔 골퍼 로리 맥길로이는 2011년 상하이 마스터스에서 연장전까지 간 끝에 우승을 따냈다. 마지막 라운드에서 최고의 상태가 아니었음에도 상하이 마스터스 컵을 가져갈 수 있었던 마음가짐에 대해 맥길로이는 다음과 같이 말했다.

"최고의 상태에서 경기하지 않더라도 이길 수 있는 상황으로 몰고 가 끝내 이기는 것이 중요합니다. 지루한 플레이라도 버틴다면, 그 주 내내 최상의 상태에서 경기하는 것보다 더 많은 시합에서 이길 수 있어요. 그럴 수 있어서 몹시 만족합니다."

운동선수답게 굴어라

경기 현장을 중계하는 리포터라도 된 듯이 스스로에게 경기 장면을 묘사하는 습관이 있지는 않은가? 골프나 사격, 테니스처럼 자신만의 페이스가 중요한 종목의 선수는 자신이 얼마나 경기를 잘하고 있는지 스스로에게 끊임없이 말을 건넨다. 기술을 세세하게 분석하고, 다른 선수와 끊임없이 비교하며, 최종 점수가 어떻게 될지 계속 예측한다. 마음속 실황 방송을 멈추지 못하면 실제 경기에서 한 발짝 멀어지고, 집중도도 떨어진다.

경기를 하는 순간에는 운동선수답게 굴어라. 코치, 부모, 관중의 역할을 추가로 맡지 마라. 전략을 실행하는 데 에너지를 쏟고, 자기 분석 따위는 잊어버려라. 운동선수 모드로 돌진하라. 경기가 끝날 때까지 내 성적에 대해 리뷰를 쓸 생각은 하지도 마라. 관중이 무엇을 생각하고 있을지 자주 걱정하면, 곧 대기석에 앉는 관중이 되어버린다.

코칭받은 대로 해라

경기할 때 당신의 임무는 승리하거나 남을 기쁘게 하는 것이 아니다. 그것은 당신 능력 밖의 일이다. 당신이 할 일은 주어진 임무를 코칭받은 대로 수행하되 능력을 최대한 발휘하며, 바른 태도로 임하는 것이다. 주어진 임무를 제대로 수행하면, 유리한 위치에 놓이면서 자신은 물론 팀도 성공할 수 있다. 코치의 지시대로 움직인다면 성공할 가능성이 높다.

여섯 개의 슈퍼볼 우승 반지를 갖고 있는 뉴잉글랜드 패트리어츠 팀의 감독 빌 벨리칙은 팀원들에게 "네 일이 무엇인지 파악하고, 그 일을 해라"라고 끊임없이 이야기한다. 자신의 임무가 무엇인지 알고 그 일을 해낸다면, 불필요한 생각과 행동은 줄어들고 성적이 잘 나오도록 도와주는 요소만 확장된다. 팀에서 자신의 역할을 받아들이면 자신의 임무를 온전히 다할 수 있다. 그러면 자신의 명분도 강해지고, 팀원들도 자신의 소임을 다 하게 된다.

작은 분노를 활용하라

약간의 분노는 때로 좋은 약이 된다. 쾌락, 힘, 동기부여를 불어넣어 주며 불안감을 덜어준다. 경기 전에 지나치게 불안해지거나 연습이 내키지 않는다면, 스스로를 살짝 미치게 하는 무언가를 생각해보라. 실제로 있었던 일도 좋고 마음속으로 그려본 일도 좋다. 욕설을 던지는 상대편 선수나 아쉽게 패배했던 지난 게임을 떠올리자. 지나치게 불안한 상황에서는 이렇게 작은 분노를 긁어모아서 경기에 임하는 태도가 긴장을 풀거나 마음을 안정시키려는 노력보다 더 효과적이다.

한 번의 올림픽에서 금메달을 여덟 개 따낸 선수는 마이클 펠프스뿐이다. 2008년 베이징 올림픽 때의 일이다. 펠프스는 경쟁자가 공개적으로 그의 능력을 깎아내린 덕에 악착같이 훈련했다고 고백했다. 그는 이렇게 말했다. "사람들이 말하고 싶어 하면, 그러라고 해요. 저도 그런 이야기 듣는 걸 좋아해요. 무엇보다 동기부여가 되거든요." 당신의 동기부여에 불을 지피는 것은 무엇인가?

1988년 서울 올림픽에서 금메달을 따낸 권투 선수 레녹스 루이스는 분노보다는 경쟁심을 영양분 삼아 자신을 몰아붙이는 일이 중요하다고 말한다. "분노는 에너지를 잡아먹어요. 하지만 나는 에너지를 집중하고 싶죠. 누군가 나를 때리면, 이렇게 생각하는 거죠. '오, 잘하는데. 좋은 한 방이었어!'"

버럭 화를 내거나 파괴적인 행동을 하는 것은 좋지 않다. 욕하거나 싸우거나 물건을 집어 던지는 것은 스스로에게 굴복하는 행동일 뿐 아니라 스포츠맨십이 부족하다는 반증이기도 하다. 분노를 드러내고 싶다면 좀 더 바람직한 방식으로 표출하자. 실망스러운 기록이 나왔을 때 그 즉시 좌절감을 떨쳐내는 동작을 만들어놓자. 예를 들어 손뼉을 크게 부딪치는 사소한 행동도 좋다. 자신만의 의식을 치른다는 느낌으로 동작을 하는 것이 포인트다. 분노와 경쟁심을 제대로 조절해서 적절하게, 프로답게, 성숙하게 경기를 치르자.

경기 당일에 가장 중요한 질문

생각이 감정을 결정하고, 감정은 성과에 영향을 준다는 말을 기억하라. 그렇다면 문제를 해결하고 긍정적으로 사고하는 방향으로 질문을 던져야 한다. 특히 지금 걱정이 많고 스트레스를 받고 있다면 말이다. 순간의 상황에 집중하고, 마음을 결정하고 움직여라.

"어떤 일이 일어나길 원하는 거지?"나 "이 행동이 나에게 어떤 도움이 될까?"라는 질문은 바람직하다. 좋은 결과를 내도록 집중할 수 있다. "왜 이런 일이 지금 내게 일어나는 거지?"나 "난 도대체 뭐가 문제지?"라는 생각은 좋지 않다. 이런 질문에는 만족스러운 답변이 나오지 않는다. 그래서 결과가 나쁠 수밖에 없다. "마음속의 챔피언이 지금, 여기에서 무엇을 해야 한다고 말하고 있을까?"라고 묻거나 "지금 이 상황에서 나의 롤모델은 어떻게 행동할까?"라고 질문을 던져보라. 롤모델이 꼭 당신과 같은 스포츠 분야의 선수일 필요는 없다. 그 사람이라면 자신의 동기부여와 강점에 대해 어떤 이야기를 할지 상상해보자.

경기 당일에 가장 중요한 질문은 이것이다. "가장 뛰어난 성적을 거두기 위해 무엇이 필요하지?" 곧 시작될 경기와 이 승부로 내가 일궈내고 싶은 것에 집중하라. 그래서 '자신만의 세계'에 온전히 머물러라. 이는 오늘 견뎌내야 하는 정신적 숙제다. 올림픽 메달을 일곱 개(그중 두 개는 금메달이다) 따낸 수영 선수 아만다 비어드는 이렇게 말했다. "나만의 레이스를 하는 데 집중하고, 다른 선수들이 나에 대해 고민하도록 내버려 둡니다. 내가 그들에 대해 고민하는 대신 말이죠."

마음속으로 노래를 들어라

훈련하거나 경기할 때 음악을 들으며 움직이거나 리듬을 타는가? 지금 순간에 충실하며 집중하는 동시에 게임의 흐름을 타려면 근사한 음악을 들어라. 기분이 좋아지는 것은 물론이고 효과적으로 경기를 풀어갈 수 있다.

- 올림픽 스노보드 금메달리스트 숀 화이트는 "한바탕 뛰기 전에 리듬을 타야 할 때는 음악만 한 게 없죠"라고 말했다.
- 뉴욕 양키즈의 에이스 구원투수 마리아노 리베라는 양키 스타디움의 불펜(야구에서 시합 중에 구원투수가 경기에 나가기 전에 준비운동을 하는 장소)으로 들어설 때마다 메탈리카의 〈Enter Sandman〉을 듣는다.
- NFL 볼티모어 레이븐스 팀의 슈퍼스타 라인백커(미식축구에서 상대 팀 선수들에게 태클을 걸며 방어하는 수비수) 레이 루이스는 경기를 시작하기 전이면 필 콜린스의 〈In the Air Tonight〉을 들으며 에너지를 끌어올린다.

경기를 시작하기 전에 어떤 음악을 들으며 각오를 다지는가? 연습하거나 경기를 준비할 때, 혹은 하루를 마무리할 때 들을 만한 음악 리스트를 마련하라. 분위기를 고조하는 빠른 템포의 곡을 들으면서 경기를 끝까지 해낼 수 있는 마음가짐으로 무장하라.

운동에 도움이 될 만한 강렬한 노래들을 추천한다.

- 〈Enter Sandman〉 – 메탈리카

- 〈Pump It〉 – 블랙 아이드 피스

- 〈Go Getta〉 – 영 지지

- 〈Lose Yourself〉 – 에미넴

- 〈Intro〉 – 디 엑스엑스

- 〈Thunderstruck〉 – AC/DC

- 〈Drown in the Now〉 – 크리스탈 메소드

- 〈Remember the Name〉 – 포트 마이너

- 〈Welcome to the Jungle〉 – 건즈 앤 로지즈

- 〈Through the Fire〉 – 피트 마이저

- 〈Can't Hold Us〉 – 매클모어 앤 라이언 루이스

- 〈Seven Nation Army〉 – 화이트 스트라이프스

불안해하지 않고 차분히 받아들이기

과장은 눈앞에 놓인 도전을 제대로 바라볼 수 없게 한다. 현재 상태를 부풀려서 받아들이거나 "이 일은 너무나 중요해"라거나 "저 팀은 이길 수 없어", "이 일을 해내거나 죽거나 둘 중의 하나야!"라며 압박을 가하는 것은 도움이 되지 않는다. 정신이 또렷하다는 이야기는 사물을 정확하게 본다는 뜻이고, 균형 잡힌 시각으로 바라보면 불분명한 일도 없다. 자신의 마음을 두렵게 하는 말은 설사 농담이라도 차곡차곡 부담감을 높이고 근육을 긴장시키며 최고의 성적을 내지 못하도록 방해한다. 영감이 가득한 상태로 경기를 해야

지, 절박한 마음으로는 일이 잘 풀리지 않는다.

상황이 어떻든 누구를 상대로 경기를 하든 최선을 다하자고 스스로를 다독이자. 그뿐이다. 스포츠든 인생이든 언제나 어려움은 존재하지만 과장은 감정의 기복을 늘린다. 지금 이 순간, 현실에 충실하도록 노력하자.

변명을 늘어놓는 대신 경기에 집중하라

챔피언은 변명하지 않는다. 경기를 시작하기 전, 혹시라도 우수한 성적이 나오지 않을까 봐 미리 쉬운 길을 택하려고 꼼수를 부리거나 변명을 늘어놓는 사람이 있다. 하지만 이런 말들은 씨가 되어 형편없는 점수로 이어진다. 그런 결과를 피하려고 머리를 굴렸는데 말이다!

현재 상태 그대로 가는 편이 낫다. 굳이 심리적인 위안을 얻겠다고 변명할 필요가 없다. 상황이나 몸 상태가 최상이 아니더라도 여전히 이길 수 있다. 그저 스스로에게 이렇게 말하자. "난 여전히 잘할 수 있어. 지금 해야 하는 일에 집중하자."

경기 전에 늘어놓는 변명, 예를 들어 남을 탓하는 것은 자신의 책임을 외면하고, 체면을 구기지 않고 싶은 마음에서 나온다. 이런 행동은 원치 않는 결과를 불러온다. 대신에 이렇게 생각해보자. "최선을 다하지 않았어. 하지만 이를 제대로 바로잡기 위해 열심히 할 거야." 즉, 자신의 경기를 오롯이 책임져라. 그 결과가 승리건 패배건 태도는 달라지지 않아야 한다.

매케일라 마루니는 2012년 하계 올림픽에서 금메달을 가져간 미국 여성 체조 팀의 멤버다. 당시 도마 세계 챔피언이었던 마루니가 개인 경기에서 금메달을 따낼 것은 자명했다. 첫 번째 시도까지만 해도 실제로 그가 선두에 있었다. 하지만 두 번째 시도에서 착지에 실패했고, 2위로 밀려났다. 그는 이렇게 말했다. "경기 중에 엉덩이로 착지했다면, 금메달을 딸 자격이 없는 거죠." 마루니는 자신에게 무척 엄격했고, 변명을 늘어놓는 대신 결과에 스스로 책임지는 사람이었다.

챔피언의 자세를 갖추려면 다음 세 가지 변명은 하지 말아야 한다.

- 변명 1: "심판이 나를 물 먹였어."

  챔피언의 자세: "오심도 견디는 방법을 배워야 해."
- 변명 2: "우리 팀 코치가 너무 형편없어."

  챔피언의 자세: "우리 팀원 모두는 코치를 100퍼센트 지지하고 응원해."
- 변명 3: "상대 팀 운이 좋았어."

  챔피언의 자세: "저들의 운이 좋았을 수도 있어. 이제 우리가 운 좋은 팀이 될 차례야." 혹은 "저들이 더 잘했어. 어떻게 해야 다음번에 우리가 이길 수 있을지 알아내야지."

즉흥적으로 대응하고, 수정하고, 극복하라

아무리 치밀한 계획이더라도 예상치 못한 장애가 발생하기 마련이다. 챔피언의 경기를 하려면, 미리 어떤 일이 발생할지 상상하고

"x가 발생하면 y를 해야지"라는 식으로 긴급 사태에 대비한 대책을 마련해둔다. 이렇게 하면, 나쁜 일이나 예상치 못한 일이 일어나더라도 충격을 받거나 불안해지지 않는다. 예상치 못한 사고를 다룰 수 있는 여유로움과 유연성이 생기기 때문이다.

챔피언의 마인드를 가지면 남을 탓하지 않고 유머 감각을 뽐내며 해결책에 집중할 수 있다. 길 앞을 막아서는 고난이나 불편함을 처리할 수 있다고 생각하면 공포도 줄어든다. 예상치 못한 일은 대부분 사소한 조정으로 해결할 수 있다.

최고의 결과를 내는 데 필요하지 않은 요소는 무시해버리면 그만이다. 의도한 결과에만 집중하면 잠재적인 방해 요소는 슬며시 뒤로 사라진다.

방해물이 나타나 일이 지연되면 귀찮아지기는 하지만 끔찍한 일은 아니다. 예를 들어, 골프 경기에서 코스에 늦게 도착하거나 비가 내려 진행이 늦어지는 상황을 생각해보자. 반갑지는 않지만 그렇다고 세상이 끝날 일은 아니다. 군인들이 종종 슬로건으로 외치는 "즉흥적으로 대응하고, 수정하고, 극복하라"를 따라야 하는 상황에 지나지 않는다.

방해물이 나타나면 즉흥적으로 대응하고, 수정하고, 극복하면 된다. 방해물 때문에 당신의 하루나 경기를 망칠 필요는 없다. 낙천적인 마음으로 인내하고 견뎌라. 긍정적인 기운을 주는 혼잣말을 해보는 것도 좋다. "일어나서 좋은 상황은 아니지만, 내 손으로 충분히 다룰 수 있어." 크게 숨을 들이마시고, 차분하고 자신 있게 앞으로 나아가자. 노래를 흥얼거리거나 크게 부르면서 자신만의 리듬을 찾는 것도 도움이 된다.

챔피언처럼 경기하려면, 예상 밖의 일이 일어났을 때 징징거리지 않고, 이를 어떻게 해결할지 고민해야 한다. 이런 유연한 정신 태도는 다른 경기는 물론 특히 올림픽에서 매우 중요하게 작동한다. 2008년 베이징 올림픽에서 미스티 메이-트리너와 케리 월시 제닝스는 비치발리볼 금메달을 따내기 위해 미처 예상하지 못한 일들을 하나하나 헤쳐 나갔다. 코트에서 무슨 일이 일어나든 두 사람은 적극적이고 긍정적인 태도를 보였다. 메이-트리너는 자서전 『미스티: 발리볼과 인생 역정』에서 한 치 앞을 바라볼 수 없던 당시의 도전을 이렇게 묘사했다. 두 사람은 경기 시작 전까지 수영복을 받지 못했고, 익숙하지 않은 브랜드의 옷을 입고 경기를 뛰어야 했다. 메이-트리너는 몸살과 고열로 컨디션이 최악이었다. 일본을 상대로 접전하는 동안 월시 제닝스는 결혼반지를 잃어버렸다. 브라질 팀의 두 선수에 대해서는 정보가 거의 없는 상태로 경기를 시작했다. 그리고 결승전에서는 폭우가 내리쏟아지는 가운데 중국의 정상권 선수 두 명을 상대로 격전을 벌였다. 심지어 중국 팀은 홈팀이라는 강력한 이점까지 있었다. 이런 최악의 조건에서도 당황하지 않고 원래의 페이스를 유지하는 힘은 챔피언에게 꼭 필요한 덕목이다.

이게 바로 나지!

만족스러운 기록을 냈을 때 스스로에게 어떤 말을 하는가? 최대한 긍정적인 말을 건네보자. "이게 바로 나지! 지금 하는 일을 계속할 거고, 이 방식으로 경기를 할 거야!"

예를 들어 쿼터백이 리시버(미식축구에서 공을 받아 터치다운으로 가는 공격수)에게 제대로 세컨드 패스를 성공했다고 치자. 자신감이 가득해진 쿼터백은 "두 번 시도해서 두 번 다 성공했어. 다음 패스도 성공할 거야"라고 생각한다.

성공은 오래가고 자신은 좋은 것을 가져갈 운명이라는 것을 믿어라. 경기가 만족스럽지 않거나 기록이 안 좋다면, 즉시 자신에게 이렇게 말하라. "나답지 않은데. 좀 삐끗했을 뿐이야. 이제 만회해야지!"

세컨드 패스가 리시버 머리 위로 넘어갔다고 생각해보자. 여전히 자신감이 가득한 쿼터백은 "두 번의 시도 중에 하나는 성공했잖아. 다음번에는 꼭 제대로 해야지"라고 말할 것이다.

실패는 오래가지 않는다고 여겨라. 이내 성공이 실패의 자리를 차지할 것이다. 실망했더라도 다음엔 성공할 것이라고 항상 굳게 믿어라.

두려움보다 열망에 집중하라

일어날까 봐 두려운 일이 아니라, 일어나길 원하는 일에 집중하라. 초보 골퍼가 "공이 물속에 들어가지 않았으면 좋겠어"라고 생각하는 순간, 공은 물에 빠지게 되어 있다.

결정적인 샷은 어떻게 쏘는가? 그저 조준하고 방아쇠를 당기면 된다. 1982년 NCAA 농구 챔피언십 결승전에서 노스캐롤라이나대학교 팀이 조지타운대학교 팀을 상대로 승리를 거뒀다. 이때 마이클 조던이 결정적인 샷을 날렸다. 그는 "중요한 샷을 망쳤을 때의 결과는 생각하지 않아요. 결과를 생각한다는 건, 부정적인 결과를 그린다는 뜻이죠."

공포 없이 경기를 하려고 노력하는 대신, 자신 있게 경기하는 쪽에 집중하라. 자신에게 확언을 주는 대화란 "망치지 마!"라는 말 대신 "난 할 수 있어!"라고 해야 하며 "방해물을 치워버리자!"라는 말 대신 "목표에 집중해!"라고 말해야 한다. 혹은 "지금 포기하면 안 돼"라고 말하는 대신 "강하게 버텨!"라는 말을 해보자.

압박감을 다루는 방법

압박감은 마음의 문제다. 즉, 경기 당일 운동선수의 감정과 행동은 당시의 상황과, 운동선수가 그 상황을 해석하는 방식에 달려 있다. 압박감을 일이 잘못될 수 있다는 사인으로 받아들이는 선수가 있는 반면 테니스 선수 빌리 진 킹처럼 일종의 특권으로 해석하는 선수도 있다.

경기를 근사한 기회라고 여기지 않고 곧 닥칠 재난이라고 여긴다면 경기할 때 엄청난 압박감을 느낄 수밖에 없다. 게다가 이런 선수들은 경기 전에 심장박동 수가 올라가는 것처럼 지극히 정상적인 신체 반응을 곤란한 일이라고 느낀다. 올바른 마음가짐을 가지면 이렇게 '바람직하지 않은' 압박감을 부숴버릴 수 있다.

예를 들어 시애틀 시호크스의 쿼터백 러셀 윌슨을 보자. 그는 압박감을 느낄 때의 마음가짐을 언급하면서 "게임이 위태위태해서 다른 사람은 모두 긴장하고 있고 나는 흥분에 휩싸인 그 순간을 좋아해요"라고 말했다. UFC 선수 비토 벨포트 역시 비슷한 말을 했다. "최선을 다할 뿐이죠. 그럼 압박감을 느낄 이유가 없어요." 긴장과 압박감이 목을 조른다면, 상황을 다른 시각으로 바라보려고 노력하라. 그러면 승자의 시각에서 보다 나은 방향으로 지금 처한 상황을 이해할 수 있다.

압박감을 느끼는 상황에 머무르지 말고, 지금을 성공할 기회라고 생각하라. 눈앞에 놓인 도전을 기쁘게 받아들이자. 딱히 잃을 것은 없지만 얻을 수 있는 것은 많다. 이길 수도, 새로운 교훈을 얻을 수도 있다. 이런 관점을 받아들이면 '이기기 위해 임하는' 자세를 유지할 수 있다. 이런 태도는 지지 않기 위해 경기하는 것보다 훨씬 바람직하다.

'나쁜' 압박감이나 위험을 인식하면, 생체 반응이 연쇄적으로 일어나면서 지나치게 자극을 받는다. 심장이 두근거리고 손바닥에서 식은땀이 나고 머릿속이 빙글빙글 돈다. 그래서 이런 상태로 경기하고 이를 소화해내는 요령을 연습하는 것이 중요하다.

코치와 선수들은 진짜 경기 같은 상황에서 부담감을 느끼고 경쟁심을 자극하는 훈련이 얼마나 중요한지 안다. 실제 상황이라고 상상하거나, 군중 소리와 비슷하게 시끄러운 음악을 틀거나, 소소한 내기를 하는 것 모두 유용하지만 완벽하게 현실을 재현하지는 못한다.

스트레스 반응이 일어나도록 하는 것이 중요하다. 푸시업을 하거나 제자리에서 빨리 뛰거나 점핑 잭(차렷 자세에서 뛰면서 발을 벌리고 머리 위에서 양손을 마주쳤다가 다시 원상태로 돌아오는 동작)을 60~90초간 반복한다. 심장박동이 빨라지고 손이 덜덜 떨릴 것이다. 숨을 몇 번 깊게 들이 내쉰다. 그런 뒤에 자유투를 던지거나, 골프 스윙을 하거나, 테니스 서브를 해보자. 긴장하고 있어도 최고의 결과가 나오도록 훈련하는 것이다.

훈련에서 이렇게 스트레스 반응을 불러오면 아주 효과적인 예행연습이 된다. 이 훈련이 익숙해질수록 감정과 신체를 통제하고 다루는 데 능숙해진다. 특히 아드레날린이 솟구치고 있을 때에는 그 효과가 극대화된다.

자신의 재능을 믿어라

완벽주의의 함정에 빠지지 말자. 과대망상은 형편없는 기록을 만들어낼 뿐이다. 그저 훈련받은 대로 몸이 움직이도록 내버려 둬라. 머리만 굴리고 있지 말고 집중해서 행동으로 옮겨라. 머릿속을 비우고 경기에 몰입하자. 필요한 기술은 모두 내 손끝에 있다고 믿어라.

충분히 준비했다는 믿음이 있다면 경기 중에 자기 자신을 자유롭게 놔둘 수 있다. 훨훨 날아갈 수 있도록 해주자. 이렇게 하면 좀 더 예술적이고 매끄러운 방식으로 경기가 진행된다. 이런 태도는 특히 중요한 순간, 박빙의 순간에 긴요하게 작동한다.

유명한 스포츠 심리학자 밥 로텔라는 이렇게 말했다. "훈련하고, 믿어라." 그러려면 다음의 세 단계를 밟아야 한다.

① 첫 번째 단계는 재능을 훈련해서 갈고닦는 일이다.
② 두 번째 단계는 경쟁하면서 자신의 재능을 믿는 것이다.
③ 세 번째 단계는 첫 번째와 두 번째를 반복하는 것이다.

모든 챔피언과 우승팀은 우수한 성적을 내려면 신뢰가 필수라는 것을 안다. 2010년 밴쿠버 동계 올림픽에서 62년 만에 처음으로 미국에 봅슬레이 종목의 금메달을 선사한 커트 토마세비치는 신뢰의 중요성을 이렇게 말했다.

"올림픽에서 제가 가장 좋아하는 기억은 마지막 경주를 하던 순간이에요. 그때 나는 '내 재능을 믿는' 순간을 경험했어요. 두 번의 경주를 한 첫째 날부터 이미 다른 팀을 한참 앞서 있었고, 두 번째 날 첫 번째 경기가 끝났을 때 격차는 더 벌어져 있었죠. (봅슬레이는 이틀에 걸쳐 네 번 경주한 시간을 합해서 기록이 가장 빠른 팀이 우승한다.) 워밍업을 마치고 스타트 라인으로 걸어가면서 '이렇게 앞서 있는데, 망쳐버릴 수는 없지'라고 생각할 수도 있었지만 그랬다간 불필요하게 긴장과 압박감만 늘어났겠죠. 어쩌면 보수적으로 조심스럽게 경주를 했을 수도, 태만하게 했을 수도 있고요. 하지만 우리는 그저 자신만만하게 서로를 쳐다보고, 여태껏 몇 천 번 연습했던 것처럼 똑같이 마지막 경주를 시작했어요. 여태까지 하던 대로 해야 한다는 것을 분명하게 알았던 거죠. 사실, 그게 그 자리까지 우리를 끌어온 것이기도 했고요. 앞서 한 세 번의 경주와 조금도 다를 것이 없이 네 번째 경주를 했고, 자연스럽게 우승을 차지했어요."

이기고 싶다면 경기 속으로 빠져들어라. 어떤 선수는 이기기 위해 경기를 하고 어떤 선수는 지지 않기 위해 경기한다. 몸과 마음을 구속하지 마라. 경기를 할 수 있도록 자유롭게 풀어줘라. 잃은 것은 없고 얻을 것이 많다는 마음을 먹어라. 경기하면서, 또는 인생을 살면서 이번 장에서 이야기한 전략들을 잘 활용해보자. 당신의 인생에서 긍정적인 일들이 벌어질 것이다.

04

THE CHAMPION'S MIND

이기는 사람의 멘탈은
무엇이 다를까

지금까지 정신의 근육을 단련하는 방법을 살펴봤다. 이런 방법은 챔피언의 마인드를 갖기 위해 또는 스포츠 분야에서 두각을 나타내기 위해 반드시 필요하다. 누가 이기는지, 결정적인 순간과 뛰어난 성과를 가져가는지 결정짓는 것은 정신력이다. 따라서 챔피언처럼 생각하고, 느끼고, 운동하는 것이 중요하다. 이번 장의 내용은 당신이 경쟁자보다 더 탁월하고 우세한 관점과 수준에서 경기하도록 도와줄 것이다.

숙련되기 위해 훈련하라

운동선수는 두 가지 유형으로 나뉜다. 포상, 감탄, 기타 청찬 등을 좇는 자와 순수하게 스포츠를 좋아하고 자신이 어디까지 할 수 있는지 알고 싶어 하는 자. 전자는 자아 지향적인 사람들이다. 인정받을 때 기뻐하고, 그렇지 못하면 좌절한다. 후자는 숙련가의 방식을 가진 사람들이다. 그들은 더 나아지기 위해 밟는 과정 자체를 달갑게 받아들인다. 결과는 중요하지 않다.

예를 들어, 자아 지향적인 스포츠 특기생은 필드에서의 통계(타율)와 학점에 신경 쓴다. 숫자에 집중하면 경기할 때 불안감이 커지고, 실패나 장애물을 만났을 때 쉽게 좌절한다. 다른 사람의 의견 같은 외부 요소에서 동기를 부여받기 때문이다. 이들은 최종 목표를 달성하는 순간에는 공허감을 느낀다. 행복을 찾기 위해 엉뚱한 곳을 바라보고 있기 때문이다. 그들은 만족할 만한 해답을 찾지 못한 채 "그다음은 뭐지?"라고 생각한다.

이와 반대로, 숙련가의 방식을 가진 스포츠 특기생은 대부분 순수하게 경기를 좋아하고, 성장하겠다는 내재적 보상에서 동기부여를 받는다. 필드에서 더 나은 모습을 보이기 위해, 지혜를 얻기 위해 끊임없이 노력한다. 훈련하고 경기하는 것, 혹은 교실에서 토론에 참여하는 것 자체에서 재미를 찾는다. 그들에게 외형적인 보상이란 참여하고 경쟁하는 과정에서 나오는 외부 요소일 뿐이다. 이는 케이크 위에 얹혀 있는 아이싱이나 다름없다. 특정 위치에 도달하는 것보다 그 여정을 온전하게 누리는 것에 더 많은 관심을 기울인다.

전문가로서 지켜본 결과, 숙련가의 방식을 취하는 선수가 더 큰 행복과 성공을 누린다. 분야가 무엇이든 상관없다. 이런 사람들은 겉으로 보이는 성공 못지않게 호기심, 즐거움에서 동기부여를 얻는다. 아이러니하게도 결과보다 과정을 즐기는 사람이 더 나은 결과를 얻는다. 시애틀 시호크스의 쿼터백 러셀 윌슨이야말로 숙련되기 위해 훈련하는 대표적인 사례다. 그는 이렇게 말한다. "내 일을 온전히 배우겠다는 강렬한 열망에 사로잡힌다." 윌슨은 경쟁심이 강한 성격을 십분 활용해 미식축구를 향한 강한 열정을 훈련에 쏟아붓고 매일의 목표를 달성한다. 그리고 결전의 순간에 뛰어난 성적을 거둔다. 경기 녹화 장면을 돌려볼 때도, 미식축구의 발놀림을 훈련할 때도 그의 태도는 한결같다.

우수한 성과를 거두고 싶다면, 당신에게 동기를 부여해주는 원인을 찾아라. 관중의 환호, 챔피언십의 트로피 등 승리가 주는 황홀함을 즐겨라. 하지만 진정한 동기부여는 내부에서 나온다. 경기에 참여하고, 그 자체를 온전히 즐기는 것을 가장 큰 보상이라고 여겨라. 점수판에 어떻게 기록될지 걱정하는 것보다 자신의 정신력과 태도, 목표를 향해 움직이는 결단력에 더 집중하라. 그렇게 하면 큰 동기부여가 되고, 자신만의 구역으로 들어가는 경험을 할 수 있다. 항상 경쟁하라. 항상 싸워라. 스스로 최고가 되기 위해 노력하는 일은 끝이 없다. 보상은 알아서 따라올 것이다.

가장 강력한 라이벌은 자기 자신이다

챔피언이 된다는 것은 가장 뛰어난 자신, 혹은 금메달에 맞먹는 자신의 모습과 싸운다는 것이다. 은메달이나 동메달로 만족하는 태도는 안 된다. 프로 미식축구 명예의 전당에 이름을 올린 쿼터백 스티브 영은 이렇게 말했다. "자기 자신과 싸우는 것이 핵심이다. 자기를 개발하고 어제보다 더 나은 자신이 되는 것이다." 스스로 뛰어나다고 생각하는 수준을 뛰어넘어 자신의 한계를 더 높이 올려야 한다.

2012~2013 NBA 시즌 당시 르브론 제임스는 리포터에게 경기 수준을 한 단계 끌어올리기 위해 자신에게 '복수'를 한다고 말했다. 끊임없이 자신을 개발한다는 말을 한 당시, 제임스는 2012년 NBA 챔피언십을 따내고 올림픽 금메달을 거머쥐면서 리그의 MVP는 물론 결승전의 MVP까지 되었다.

다른 이의 뛰어난 성과에서 자극을 받아 자신을 개발하는 것도 바람직하다. 자신을 더 높은 수준으로 끌어올리기 위해 팀원이나 다른 우수한 경쟁자에게 도전하라. 훈련할 때는 팀원을 상대로 경쟁하고, 경기에서는 그들을 지지하라. 팀원 혹은 상대 선수와 부정적인 질투 관계가 되는 것보다는 건전한 경쟁 관계를 만드는 것이 서로에게 좋다.

2012년 런던 올림픽 포환던지기 종목에서 금메달을 따낸 토마시 마예브스키는 선수로서 커리어를 시작한 초기에 이렇게 말했다. "경쟁자의 뛰어난 성적 때문에 화를 내거나 걱정하지 않아요. 오히려 그들을 뛰어넘어야 한다는 동기를 얻어요."

할 수 있을 때 한껏 빛나라

"자신 그대로의 모습이 되는 것, 우리가 될 수 있는 존재가 되는 것이 인생의 유일한 목표다"라고 19세기의 유명 작가 로버트 루이스 스티븐슨은 말했다. 경기에서 빛날 수 있는 순간은 순식간에 사라진다. 시간은 계속 지나간다. 목표와 열정을 항상 새로이 새기면서 한 걸음을 더 가라. 챔피언이 된다는 것은 자신을 온전하게 표현하고, 가치 있다고 여기는 일을 한다는 뜻이다. 편한 지대를 박차고 나와서 자신의 꿈을 집요하고 치열하게 추구하라. 필드를 달리고 골대를 향해 골을 차라.

최선을 다해 후회가 없게 하라

꾸준히 노력하면서 이기려는 태도로 매진하라. "성공은 마음의 평화를 가져온다. 할 수 있는 한 최고가 되기 위해 최선을 다하면, 스스로 만족하기 때문에 마음이 평온해진다." 농구 감독 존 우든이 말했다.

또한 아이스하키 명예의 전당에 이름을 올렸으며, 디트로이트 레드윙스 팀에서 네 번이나 스탠리 컵(NHL 챔피언에게 수여되는 트로피)을 가져간 고디 하우는 "이기든 지든 100퍼센트의 자신을 쏟아붓는다고 확신할 수 있다면, 마음이 편해지고 경기를 좀 더 즐길 수 있으며, 잠도 잘 자고 푹 쉬게 된다"라고 말했다.

굳건하게 자신을 믿어라

다음의 세 가지 믿음이 있느냐에 따라 성공의 성패가 갈린다. 자신의 움직임에 관한 믿음, 자신에 대한 믿음, 미래에 관한 믿음. 그러나 스스로를 옭아매는 믿음은 극복하기 가장 어려운 장애물이 되기도 한다. "나는 이 도전에 맞설 준비가 되어 있어", "나에게 한계는 없어"처럼 긍정적인 자기 대화가 필요하다. 스스로를 갉아먹는 생각이 들 때마다 "계속 훈련하면 이 기술을 익힐 수 있어"처럼 긍정적인 기대감을 북돋는 연습을 하자.

건설적인 비판에서 배우는 자세 또한 필요하다. 비판을 받아들일 줄 아는 이들은 남들이 부정적인 의견을 낼 때에도 자신에 대한 믿음이 흔들리지 않는다. 1980년 레이크 플래시드 동계 올림픽에서 남자 아이스하키 부문 금메달을 가져간 미국 팀의 골키퍼 짐 크레이그는 경기하는 내내 자신을 강하게 믿었다.『금메달 전략』이라는 책에서 그는 자신에 대해 의심하지 않으려는 결심이 얼마나 중요한지 설명한다.

> "잘못된 의견을 주장하는 전문가는 차고 넘친다는 사실을 명심하라. 당신의 능력을 의심하거나 냉소하는 사람을 옆에 두고 싶다면, 금세 그런 사람을 찾을 수 있다. 자신을 믿어라. 설사 이 세상에 당신을 믿는 사람이 당신 한 명뿐이더라도."

다른 사람의 부정적인 발언을 듣거나 스스로를 의심하게 된다면 무작정 믿지 마라. 설사 자신이 가치가 없거나 일을 해낼 수 없다고 느끼더라도 그 느낌이 곧 사실이란 법은 없다. 골프 코치들이 흔히 말하듯, 당신의 느낌이 현실을 항상 정확하게 반영하지는 않는다. 과거에서 배운 것은 현재에서 배운 것으로 갈아치울 수 있다. 스스로에게 한계를 짓는 믿음을 산산이 조각내고, 아무도 당신이 해내리라 상상하지 못했던 일을 해내면서 재미를 느껴라. 반대론자의 부정적인 의견을 치열한 노력으로 불식시켜라.

한계를 관리하라

자신의 강점에 집중하고, 한계점이 영향을 미치지 못하게 하라. 영국의 조정 선수 스티브 레드그레이브 경은 1984년부터 2000년까지 무려 다섯 번의 올림픽에서 금메달을 땄다. 1997년에 당뇨병을 진단받고 그는 이렇게 말했다. "당뇨는 내게 맞춰 살아야 할 겁니다. 내가 그에 맞춰 사는 게 아니죠." 레드그레이브는 식습관을 관리하면서도 올림픽을 준비하기 위해 끊임없이 노력했다. 한계나 제약이 자신의 야망에 미치는 영향을 제한하려고 노력하라. 진정한 챔피언은 어떤 상황에서도 최선을 다하는 사람이다.

경기 중에 실수를 곱씹지 마라

경기 중의 실수는 재빨리 잊어라. 상대방과 계속 공격과 방어를 주고받는 시합, 예를 들어 권투나 농구에서는 특히 중요하다. 계속 실수를 곱씹다 보면 또 다른 실수가 나오고, 설상가상으로 훨씬 치명적인 실수를 하게 된다. 과거는 잊고 앞으로 나아가라. 챔피언답게 성적을 내려면, 링 위에서나 코트 위에서 바로 직전의 실수를 곱씹는 일은 피해야 한다.

스키에서도 마찬가지다. 알파인 스키 선수 린지 본은 2010년 밴쿠버 동계 올림픽 알파인 스키 여자 활강 종목에서 금메달을 따냈다. 그녀의 충고를 들어보자. "넘어지면 곧바로 일어나죠. 계속 경기를 하고, 스스로를 앞으로 밀어버리는 거예요." 실수는 경기가 끝난 다음 받아들이자.

야구나 소프트볼처럼 자신만의 페이스가 중요한 스포츠에서 실수를 잊고 집중하기 위해 많이 사용하는 심리 기술을 하나 소개하겠다. 실수를 했다면 바닥에서 풀을 뜯어내거나 자갈돌 한 개를 집어라. 그리고 그 풀과 돌이 방금 자신이 저지른 실수라고 생각해라. 자, 이제는 그 풀(실수)을 던져버리고 경기에 집중하자. 사소한 행동일지 몰라도 경기 중의 멘탈 관리에는 분명 효과가 있을 것이다.

실수는 위대한 스승이다

설명이 필요 없는 농구 선수 마이클 조던은 역사상 가장 뛰어난 업적을 이룬 운동선수다. 그럼에도 조던은 자신이 실패했기 때문에 성공할 수 있었다고 여러 번 강조했다. "농구를 하면서 9천 개 이상의 슛을 실패했어요. 300번의 경기에서 패배했죠. 게임의 승패를 결정하는 슛은 무려 26번 실패했고요. 끊임없이 실패하고, 망치고, 패배했어요. 그래서 성공할 수 있었죠."

스포츠 세계, 더 나아가 인생에서는 실수나 망쳐버리는 일이 자주 일어난다는 사실을 받아들이자. 마지막에 성공하기 전까지는 끊임없이 실패할 테고, 끊임없이 다시 일어나 기회를 잡아야 한다. 실수로 인해 배우고, 이를 바탕으로 움직인다면 실수는 위대한 스승이 될 수 있다. "과녁 한복판을 뚫는 화살은 100번의 실패에서 나온다"라는 불교 격언을 명심하라.

우상을 깨부숴라

가장 좋아하는 선수를 존경하라. 단, 숭배하지는 말아야 한다. 한 운동선수를 지나치게 우러러보면 자신과 자신의 경기를 하찮게 보게 된다. 과거에 어떤 업적이 있든 특별한 능력을 갖춘 슈퍼히어로는 없다. 그 사람 역시 실수하는 한 명의 사람일 뿐이다. 다른 사람을 존경하되, 스스로를 존경하지 않는 일은 없어야 한다.

경쟁자나 경쟁을 두려워할 이유가 전혀 없다. 사람이나 사물에게서 위협받는다고 느끼지 말아라. 2000년 시즌의 타이거 우즈는 정말 대단했다. 그는 아홉 번의 토너먼트에서 승리했는데, 그중 세 개는 메이저 챔피언십이었다. 그 당시 우즈를 상대하던 다른 선수 대부분이 이미 패배자처럼 행동했지만 할 서튼만은 달랐다. 그는 결국 2000년 플레이어스 챔피언십에서 우즈를 이겼다. "타이거 우즈가 경기보다 더 무서운 존재는 아니죠"라고 토너먼트가 끝난 후 서튼이 말했다. "어느 날 밤, 나는 침대에 누워 이렇게 생각했죠. '알지? 나는 (우즈에게) 기도하지 않아. 그는 신이 아니지. 그도 나

같은 사람일 뿐이야. 나도 할 수 있어'라고요."

흔쾌히 도움을 받아라

챔피언은 언제나 더 나아지기 위해 노력한다. 따라서 개선이 필요한 부분에서 특별한 기술을 가진 전문가, 예를 들면 스포츠 영양사, 스포츠 의사, 스포츠 척추 교정사, 기타 전문가의 도움을 받는다. 전문가에게 도움이나 지원을 받는다고 자신의 약점을 인정하는 것은 아니다. 그저 자신도 사람일 뿐이고 더 나은 성적이나 인생을 위해 노력한다는 사실을 받아들일 뿐이다. 예를 들어, 뛰어난 성적을 거두는 데 장애가 되는 개인적 근심을 해결하고 이해하려면 심리상담사가 큰 도움이 된다. 다른 이와 협력하는 것, 특히 목표를 달성하기 위해 전문가의 도움을 받는 일은 자신이 약하지 않다는 반증이다. 오히려 강인한 성격과 최선의 결과를 얻겠다는 결단력을 보여준다. "천 일 동안 혼자 꾸준하게 공부하는 것보다 위대한 스승과 하루를 함께하는 것이 낫다"라는 속담을 기억하라.

분투하면 강해진다

독일의 철학자 프리드리히 니체는 "나를 파괴하지 못하는 것은 무엇이든지 나를 강하게 할 뿐이다"라는 유명한 말을 남겼다. 이 원칙에 관해서 이야기를 나누면서, 내 고객 하나는 이렇게 농담을 던졌다. "나를 파괴하지 못하는 것은 나를 엿 먹일 뿐이다."

역경을 활용할 줄 알아야 한다. 불리한 경험이나 사건을 현명하게 이용하라. 힘든 일은 다가오기 마련이다. 일이 어려워진다고 생각하는 대신, 무언가를 바로잡을 기회를 만났다고 의지를 불태워야 한다. 역경을 장애물로 만들 것인지, 자신이 더 강해지는 기회로 만들 것인지는 당신의 손에 달려 있다.

한층 더 강해지고 싶고 고난을 극복해서 승리하고 싶다면, 인생의 도전을 받아들여라. 이를 회피하거나 항상 인생의 항해가 순조로울 것이라고 기대하면 안 된다. 길 앞에 놓인 돌덩이와 방해물, 그리고 여기에서 교훈을 얻음으로써 좀 더 뛰어난 사람이 될 수 있다.

윌마 루돌프는 역경을 이겨낸 대표적인 인물이다. 그는 여섯 살이라는 나이에 보조기구를 써야 할 만큼 심각한 소아마비 장애를 겪었고, 그 외에도 여러 가지 병을 극복했다. 그리고 세상에서 가장 빠른 여성으로 등극했다. 1960년 로마 올림픽에 출전해 100미터, 200미터, 400미터 계주에서 금메달을 독식하면서 한 번의 올림픽에서 세 가지 종목 금메달을 가져간 최초의 미국 여성이 되었다. 루돌프는 "분투 없이 승리란 없다"라는 말을 남겼다.

자신의 자격을 믿어라

영국의 극작가 조지프 애디슨은 이렇게 썼다. "성공을 장담할 수 없지만, 성공해 마땅한 자격을 얻을 수는 있다." 백업(자기 편 수비가 뚫릴 때를 대비해 후방에 위치하는 포지션) 역할을 맡게 되어서 실망했다면, 애디슨의 철학을 기억하라. 원하는 대로 일이 돌아가지 않는다면, 참을성 있게 꾸준히 기다려라. 절망했다면, 어떻게든 긍정적이고 생산적인 방향으로 관심을 돌려라. 훈련을 게을리하지 말고, 마치 최초 라인업에 자신이 들어가 있는 것처럼 굴어라. 패배자 같은 사고("이렇게 한들 무슨 소용이야?")에 빠져들면 안 된다. 벤치에 앉아 있다면, 팀원을 위해 꿋꿋하게 자리를 지켜라. 경기를 바라보면서, 필드나 코트 안에 있는 자신을 그려본다. 등판 기회가 왔을 때 언제든 나갈 수 있도록 마음을 다잡는다.

훈련이 전부다

야망, 꿈, 목표를 현실에 맞게 줄 세워라. 더 발전하고 원하는 결과를 얻으려면 노력과 훈련이 필요하다. 성공을 간절하게 원한다면, 노력과 훈련은 그렇게 힘들지 않다. 다른 사람이 시켜서 연습하고 있는가? 아니면 스스로 더 나아지기 위해 고군분투하고 있는가? 챔피언이 되려면 "훈련이 전부다"라는 말을 이해해야 한다. 시애틀 시호크스의 감독 피트 캐럴이 했던 말이다.

꾸준하게 충분히 훈련하면, 미래의 경쟁에서 열매를 거둔다. 기술을 몸에 익히고 매일 하는 운동을 하고, 또 하라. 훈련의 수준을 높여라. 근육에 기억처럼 새겨서, 경기하는 날 필드에서 자동으로 기술이 튀어나오도록 만들어라. 최대한의 준비가 최고의 성적을 만든다.

약점은 물고 늘어지고, 강점은 강화해라

대충대충 안주하지 말고, 경기의 모든 분야에 공을 들여라. 약점은 물고 늘어지고, 강점은 강화해라. 미국 소프트볼 팀에서 세 번이나 올림픽 금메달을 따낸 위대한 투수이자 타자 리사 페르난데즈는 "약점이 강점이 되길, 강점은 더 강해지길 원해요"라고 말한다. 자신의 취약점을 보완하는 일이 재미있지는 않다. 하지만 성적을 개선하는 데는 지름길이다. 보스턴 레드삭스의 더스틴 페드로이아는 자신의 저서 『야구를 하기 위해 태어났다: 야구와 내 인생』에서 오프 시즌의 훈련 방식에 대해 이렇게 썼다.

"운동하면서 재미를 느끼려고 노력합니다. 하지만 오프 시즌은 나머지 8개월을 견디기 위해 체력을 기르는 시간이라고 생각해요. 먹는 것도 신경 쓰고, 항상 운동하죠. 시즌 중 여덟 달 동안 몸 상태를 유지해야 합니다. 3개월 동안 더 나아지기 위한 모든 것을 하죠."

모든 진전은 아름답다

미식축구에서 '체인을 움직인다'라는 말은 조금씩 나아가 첫 번째 다운(공격 기회)을 가져간다는 말이다. 상대방의 터치다운 방향으로 성큼성큼 걸어가거나, 앞으로 나가는 거리를 늘리려고 노력하라. 그저 스크리미지 라인(공격 시작점)에 머무르려고 하면 안 된다. 공을 가질 때마다 포인트를 따거나 결정적인 결과를 만들어야 한다는 뜻이 아니다. 챔피언이 되려면 몸과 마음, 기술, 게임 전략 등 모든 측면에서 더 나아지기 위해 꾸준히 노력해야 한다.

어떤 운동을 하건, 이를 해내는 사람이 더 강해질 수 있다. 자신의 스포츠 분야에서 기술을 완전히 습득하고 전문가답게 적재적소의 순간에 응용하는 법을 배우자. 크든 작든 모든 개선과 학습 경험은 나름의 의미가 있다. 모든 진전은 아름답다. 걸음마와 같은 작은 성취가 모여 큰 흐름을 이룬다. "하룻밤에 성공하려면 10년의 세월이 필요하다"라는 격언을 잊지 마라.

"변화를 주려면 오늘 무엇을 할 수 있지?"라는 질문이 중요하다. 이에 대한 답은 균형 잡힌 아침 식사하기, 훈련장에 일찍 도착하기, 숙면하기 등등 다양하다. 항상 긍정적으로, 참을성 있게, 꾸준히 진도를 나가라. 피할 수 없는 실수, 난관, 진전 없는 상태 등을 버텨라. 다들 한 번은 지나가는 관문이다. 자포자기하거나 주도권을 잃지 마라. 이런 상황은 운동하다 보면 발생할 수 있는 변수다.

스포츠에서 앞으로 나아가는 것은 하나의 과정이고, 언제 이 모든 것이 짜 맞춘 듯 들어맞을지는 아무도 모른다. 어떤 선수는 초반에 두각을 나타낸다. NBA의 오클라호마시티 썬더 팀의 포워드 케빈 듀란트가 대표적인 사례다. 선수로서 대단한 성과를 거둔 듀란트는 스물한 살이란 어린 나이에 최연소로 NBA 득점왕이 되었다.

그러나 희망을 잃지 마라. 어떤 선수들은 최고의 자리에 오르거나 슈퍼스타가 될 때까지 오래 걸리기도 한다. 대기만성형 선수들을 몇몇 살펴보자.

- 헤비급 챔피언 로키 마르시아노는 스무 살이 되어서야 권투를 시작했고 스물 다섯 살에 프로로 전향했다.
- MLB 명예의 전당에 이름을 올린 샌디 쿠팩스는 스물일곱 살이 될 때까지는 그저 그런 성적을 올렸다.
- 슈퍼볼에서 MVP와 챔피언을 차지한 쿼터백 커트 워너가 처음 NFL에 합류했을 때는 스물여덟이었다.
- 중국의 프로 테니스 선수 리 나는 스물아홉 살이 되던 해, 2011년 프랑스오픈에서 우승했다.
- 위대한 골프 선수 벤 호건은 몇 년 동안 스윙에서 고전하다가 최고의 볼 스트라이커가 되어 서른네 살에 처음으로 메이저 챔피언십에서 우승한다.

훈련을 실전처럼, 실전을 훈련처럼

어떤 선수는 압박을 받으면 앞으로 나가지 못하고 주저앉는다. 시즌 첫 번째 경기의 처음 몇 분, 매치 포인트를 위해 서브하는 순간, 게임의 승패를 결정짓는 샷을 날리는 순간. 예전보다 더 잘하거나 달라야 한다는 생각에 능력 밖의 플레이를 시도하기 때문이다.

하지만 경기를 위해 필요한 정신적, 육체적 기술은 달라지지 않는다. 아무리 상황이 중요하더라도 말이다. 훈련을 실전이라고 여기고, 실전을 훈련이라고 생각해야 한다. 중요한 게임이라고 해서 달라지는 것은 없다. 일상적인 프로그램을 최대한 따른다. 항상 그랬듯이 자리를 잡고 운동하라.

팀의 소속감을 다시 결속하려고 노력하라(혹은 지지부진한 시즌 후에 제자리로 돌아가야 한다고 다짐하라). 그런 마음가짐은 더 열중하고 노력하는 동기를 부여해준다. 경기 중에는 자신의 가치를 입증하려고 하는 대신 갈고닦은 기술을 마음껏 펼치고 즐기자. 당신답게 경기를 한다면 아무 문제없다. 자신의 모습 그대로, 자신이 하는 일을 하고, 하던 대로 경기에 임하라. "나는 이런 사람이고, 이건 내가 매일 하는 일이야"라고 스스로에게 말해주자.

경기의 목적을 찾아라

많은 선수가 결과에만 신경을 곤두세우고, 그 순간의 즐거움은 거의 망각해버린다. 1968년 그르노블 동계 올림픽 여자 피겨 스케이팅 금메달리스트인 페기 플레밍은 "가장 중요한 건 당신의 스포츠를 사랑하는 일입니다. 누군가를 기쁘게 하려고 경기를 하지 마세요. 당신의 기쁨을 위해 뛰어야 합니다"라고 말했다. 다른 누군가를 즐겁게 하려고 운동을 한다면, 당장 때려치워라. 좀 더 높은 인생 목표를 세우고 다른 것에서 즐거움이나 의미를 찾아야 한다.

운동은 재미있어야 한다. 이것이 제일 중요하다. 훈련하고 경쟁하면서 재미있다고 생각하나? 재미가 없다면, 어떤 생각, 느낌, 행동이 그 경험을 즐기지 못하도록 방해하고 있는가? 그 게임을 얼마나 더 잘할 수 있을지 알아내면서 (그저 실실 웃는 재미가 아니라) 좀 더 분명한 즐거움을 찾아야 한다. 쾌락과 열정을 좇으려고 노력하자.

우사인 볼트는 경쟁을 하면서도 항상 유쾌한 태도를 잃지 않았다. 경기에서 그는 자유롭고, 느슨하면서도 운동선수답게 행동한다. 2012년, 볼트는 올림픽에서 100미터와 200미터 경주 챔피언 타이틀을 지켜냈다. 그는 전광석화처럼 달려서 베이징과 런던 올림픽에서 각각 세 개의 금메달(100미터, 200미터, 400미터 계주)을 가져갔다. 볼트는 웃으며 말한다. "(최고의 성적으로 달리려면) 당신부터 즐겨야 해요!"

스스로를 '무조건' 받아들인다

많은 운동선수가 성적으로 자신의 가치를 결정짓는다. 게임에서 얼마나 좋은 성적을 내느냐에 따라 자신의 가치가 결정된다는 잘못된 믿음은 성적은 물론 선수 개인에게도 문제를 일으킨다. 다행스럽게도 당신의 가치는 한 번도 위태로운 적이 없었다. 당신은 점수 그 이상의 존재이므로, 최선을 다했다면 기분이 나빠질 일도, 죄책감을 느낄 일도 없다.

경쟁 결과가 어떻게 나오든, 내가 이 세상에 존재한다는 사실을 감사하게 여기고 최선을 다한 것을 뿌듯하게 여겨라. 스포츠 영화 〈쿨러닝〉에는 "금메달은 멋지죠. 하지만 그것이 없기 때문에 자신이 부족하다고 느낀다면, 있어도 달라지진 않을 겁니다"라는 대사가 나온다. 자신을 무조건 받아들이면, 목표에 가까워진다. 성공하는 데 딱 맞는 마음가짐을 갖게 되기 때문이다. 성과를 평가하는 것은 괜찮지만 자신을 판단하지는 마라.

학습을 절대 멈추지 말라

끊임없이 배우고 익혀라. 지금 하는 일에서 최고가 되더라도 항상 더 나아지려고 노력해야 한다. 사는 내내 배우고, 뛰어나다고 생각하는 기준을 계속 높이고 노력하라. "항상 학생이 되어라"라는 교훈을 따르자. 한 분야에 탁월한 장인이 되었어도, 아무리 뛰어나더라도 개선할 여지는 존재하기 마련이다. 탁월한 모습을 보이고 싶고, 가장 높은 성적을 거두고 싶다면 기꺼이 배우고 성장하려는 의지가 중요하다.

"항상 학생이 되어라"라는 말은 '성장 마인드셋'을 갖는다는 말과 일맥상통한다. 이 말은 스탠퍼드대학교의 심리학자 캐롤 드웩이 자신의 저서 『마인드셋』에서 쓴 용어다. 성장 마인드셋이란 자신에게 재능이 있고, 이에 헌신하면 더 나아질 수 있다는 믿음이다. 반면에 '고정 마인드셋'은 자신의 재능을 더 이상 개발할 수 없는 특성으로 간주한다. 운동할 때 어디에서건 나아갈 수 있다는 것을 이해하면 더 큰 성공과 행복을 누린다.

'허들의 제왕' 에드윈 모제스는 성장 마인드셋을 가진 대표적인 선수다. 그는 경이로운 트랙 기록을 쏟아내는 내내 꾸준히 학생의 태도를 보였다. "경쟁력을 가지고 이기고 싶다면, 항상 기술을 개선해야 합니다"라고 모제스는 말했다. 그는 이렇게 설명을 덧붙였다. "대부분의 승리는 정신력과 관계가 있습니다. 나보다 신체적 조건이 훨씬 월등한 사람들과 많이 경쟁했지만 나는 그들보다 더 현명했고, 멀리 생각하고, 많이 준비했죠."

통제할 수 있는 부분만 통제하라

미국 신학자 라인홀드 니부어의 '평온을 비는 기도'는 당신의 정신 게임 도구상자에 들어갈 만한 가르침을 준다. 이 기도는 인터넷에서 쉽게 찾을 수 있는데, 우리가 바꿀 수 있는 것과 바꿀 수 없는 것에 대해 이야기한다. 스포츠와 인생에서 대부분의 일은 바뀌지 않는다는 사실을 깨닫는 것이 좋다.

바꿀 수 없는 일을 감정과 분리하는 법을 배워라. 이로 인해 집중력이 흐려지지 않으면 평정심을 잃지 않는다. 굳이 판단하려고 하지 마라. "그저 그럴 뿐이다"라고 타이거 우즈가 종종 말하듯 말이다.

경기하면서 불가항력적인 일에 심리적으로 영향받지 않아야 한다. 그러면 성적이 좋아질 뿐만 아니라 똑같은 역경에 제대로 맞서지 못하는 경쟁자를 상대로 우위를 차지할 수 있다. 역경에 요령 있게 대처하지 못하면 시선을 다른 데 빼앗겨 스트레스에 시달린다.

운동선수가 통제할 수 있는 것은 자신의 경기다. 다음은 당신이 통제할 수 없는 대표적인 요소들이다.

- 과거와 미래
- 경기장 상태
- 날씨
- 팀원
- 코치

- 경쟁자
- 심판
- 관중
- 언론
- 공의 바운스
- 경기 일정
- 경기의 중요도

인생이라는 큰 그림을 보라

스포츠를 진지하게 여기되, 크게 패배했거나 기대한 대로 되지 않았다고 해서 모든 것을 포기할 만큼 심각하게 여겨서는 안 된다. 어떻게 보느냐에 따라 현실의 자각 정도가 달라진다. 적정한 전망을 유지하되, 스포츠로 인해 죽고 살 필요는 없다. 인생이라는 큰 그림을 바라보라. 실망한 마음을 잘 다독이고 이를 결연한 의지로 바꿔내라.

미국의 체조 선수 섀넌 밀러는 화려한 경력을 쌓아가면서 항상 멀리, 크게 내다봤다. 그리고 "눈앞의 경쟁이 아니라, 큰 그림을 보는 게 중요해요"라고 말했다.

적절한 전망은 꼭 필요하다. "지금 이것은 하나의 성적일 뿐이지, 내 커리어 전체가 아니야" 혹은 "이건 그저 경주일 뿐이야. 내 인생의 전부가 아니야"라는 사실을 떠올려라. 다음 라운드, 매치 혹은 게임이 운명을 결정짓지는 않는다.

실라 타오미나는 올림픽 세 종목에 참가한 유일한 여성 선수다. 1996년 애틀랜타 올림픽에서 수영, 2004년 아테네 올림픽에서 트라이애슬론, 2008년 베이징 올림픽 때에는 근대5종경기(한 선수가 사격·펜싱·수영·승마·크로스컨트리를 각각 겨루어 종합 점수로 순위를 가르는 경기)에서 실력을 발휘했다. 타오미나는 스트레스를 관리하기 위해 어떻게 기도를 활용하는지 이야기해주었다.

> "항상 성경을 읽어요. 긴 안목에서 성적을 바라보려고 기도하죠. 가족과 친구의 건강을 위해 기도하고, 고통을 겪고 있는 사람, 내가 우수한 성적을 냈을 때 환경이나 상태가 나아지지 않는 사람을 위해 기도해요. 그러면 우수한 성적을 내겠다는 압박감도 줄고, 내 경주가 세상의 중심이 아니라는 것도 깨닫게 됩니다. 내게는 좋은 기회가 주어졌죠. 그래서 경기를 할 때 항상 용감해지려고 해요. 두려움에 떨지 않아요. 베이징 올림픽에서 총을 쏠 때마다 약 30초간의 장전 시간이 주어졌는데, 그 시간에 저는 에베소서 6장 10절에서 18절까지를 외웠어요."

자신을 이기는 자가 곧 챔피언이다

스포츠에서 성공을 거두거나 목표를 달성하기는 절대 쉽지 않다. 최선을 다하고 있음에도 지나치게 자기 비판적인 태도로 일을 더 힘들게 할 필요는 없다. 자신을 그만 괴롭히고, 관성적인 방식에서 벗어나야 한다.

생각해보라. 가까운 친구나 팀원이 경기를 잘하지 못하거나 어려움을 겪고 있다면, 당신은 그 사람을 비판하지 않고 격려할 것이다. 그러니 경기장 안에 있건 밖에 있건 자기 자신도 똑같이 대하라. 굳이 이중 잣대를 들이밀 필요가 없다. 남에게 친절하고 스스로에게 혹독하다면, 황금률(남에게 대접을 받고자 하는 대로 남을 대접하라는 기독교의 가르침)을 반대로 적용해보라. 자고로 남을 대하듯 자신도 대접해야 하는 법이다!

열성팬처럼 행동하라

내킬 때만 팀을 응원하는 사람은 느슨하다. 시즌 티켓을 들고 있는 사람이나 열성적인 팬은 그 팀에 헌신하고, 엄청난 열정을 뿜어낸다. 열성적이지 않은 팬은 경기가 원하는 방향으로 흘러가지 않을 때 야유를 던지지만, 시즌 티켓 보유자는 어떤 일이 일어나도 팀을 응원한다.

상황이 좋을 때만, 혹은 자신이 내킬 때만 자신의 경기와 인생을 응원하는 사람이 되어서는 안 된다. 당신이 알고 있는 것과 할 수 있는 것에 높은 점수를 주는 열성팬이 되어야 한다. 연속해서 승리를 거두든, 참패를 거두든, 태도가 한결같아야 하는 법이다.

팀에게 애정을 주고, 곤경에 빠지더라도 팀을 응원하라. 같은 팀이라면 어려울 때 같이 힘을 합쳐야 한다. 매 시즌 내내, 모든 경기마다 팀원에게 지지의 갈채를 보내라.

프로다운 자세를 보여라

스포츠에 열광하는 마음은 기운을 북돋아 준다. 기운이 쭉 빠지거나 승산이 없을 때는 더욱 그렇다. 반면, 과시하거나 남의 불행에 기뻐하는 모양새는 아마추어 같아서 다른 이의 반감을 산다. 미식축구 해설가가 흔히 말하듯이 "터치다운을 하면, 과거에도 많이 해봤던 것처럼 의연하게 행동해야 한다".

프로답지 않은 행동은 종종 값비싼 페널티를 불러오거나 적에게 유리한 상황을 만든다.

'스윙의 제왕'이라는 별명으로 불리던 테니스 선수 피트 샘프라스는 경기가 진행될 때 그 진가를 유감없이 발휘했다. "말은 내 라켓이 해야죠. 그게 제가 할 일입니다. 저는 그저 경기에 나가서 테니스 매치를 이길 뿐입니다."

무술의 대가 이소룡은 이런 말을 남겼다. "지식은 당신에게 힘을 줍니다. 하지만 품성은 존경을 불러오죠." 최선을 다하려고 노력하라. 경기에서 고전하고 있거나 팀이 난관을 겪고 있을 때, 특히 이런 모습이 빛을 발한다. 자신은 물론 남에게도 존경심을 가져야 한다. 경기 에티켓과 규칙을 준수하라. 경기장 안팎에서 보여주는 모습이 당신의 성격을 드러낸다. 순리에 맞춰 행동하도록 유념하라.

경기장에서는 아래와 같은 모습을 보여서는 안 된다.

- 부루퉁하거나 징징거리기
- 고함을 지르거나 화 내기

- 규칙 위반하기

- 물건을 내던지거나 발로 차기

- 남을 무시하거나 무례하게 굴기

- 관성적으로 움직이거나 대충 움직이는 시늉하기

- 골이 들어가거나 태클이 먹혔을 때마다 과장해서 기뻐하기

불편한 것에 익숙해져라

요즘에는 인생에 불편이란 없어야 한다는 잘못된 믿음이 퍼져 있다. 그 결과 불편한 마음이 들면 우리는 바로 뭔가 잘못되었다고 생각한다. 그러다 보니 초반에 불편한 마음이 들면 거부감부터 느낀다. 하지만 더 강해지려면 불편하다는 감정이 필요한 때가 있다. 운동할 때는 힘들어야 근육이 단련된다.

새로운 것을 배울 때 사람은 스트레스를 받고, 절망하고, 불편함을 느낀다. 하지만 그렇다고 일이 잘못되거나 상황을 그르치는 것은 아니다. 따라서 우리는 불편함에 익숙해지는 것을 배워야 한다. 유명한 스포츠 심리학자 켄 라비짜는 이런 느낌이 영원히 갈 것이라면서 비관적이고 부정적인 태도를 보이거나 희망을 잃으면 안 된다고 말한다.

너무 연연하면 패배한다

스포츠에서 최고의 성과를 거두는 것은 주먹에서 모래가 빠져나오지 않도록 노력하는 것과 같다. 주먹을 너무 꽉 쥐면 손가락 사이

로 모래가 삐져나오고, 너무 헐겁게 쥐면 모래가 손아귀에서 흘러나온다. 전자는 결과에 지나치게 연연하고 몰두하는 행동에 비유할 수 있다. 후자는 너무 무관심하거나 정신을 바짝 차리지 않은 것이다. 중요한 경기에서 지나치게 조바심을 내지 않고, 적정한 수준의 관심을 기울여야 자신의 재능을 자연스럽게 어떤 제약 없이 드러낼 수 있다. 노자는 "너무 연연하면 패배한다"라고 『도덕경』에서 말했다.

완벽할 수는 없어도 완벽을 추구할 수는 있다

글쓰기는 끊임없이 다시 글을 쓰는 과정이라고 한다. 마찬가지로 스포츠는 선수로서의 기량을 끊임없이 갈고닦는 과정이다. 경기를 어떤 마음과 신체 조건으로 소화해내는지 끊임없이 돌아봐야 한다. 선수로서 발전하고 싶다면, 최대한 방해 없이 훈련 스케줄을 지키고 노력해서 실력을 향상해야 한다. 그러려면 매 순간 온전하게 집중해서 제대로 해내도록 공들이는 자세가 필요하다.

"쓰레기가 들어가면 쓰레기가 나온다(Garbage in, garbage out)"라는 속담을 한 번은 들어봤을 것이다. 챔피언이 되려면, G를 쓰레기가 아니라 금으로 바꿔야 한다. "황금이 들어가면 황금이 나온다(Gold in, gold out)"가 되는 것이다. 연습하면서 들인 공(투입물)에 따라 실제 경기에서의 성적(산출물)이 결정된다. 연습 시간보다 얼마나 공을 들여 연습했는지가 중요하다.

훈련할 때마다 이번 기회에 마음과 몸 모두 강해진다고 생각하

라. 돌을 갈고 검의 날을 잘 벼려서 경기 중에 환하게 빛날 수 있도록 하는 것이다. 감독인 빈스 롬바르디의 지휘 아래 그린베이 패커스는 1960년대 미식축구 정상 자리를 꿰찼다. 7년이라는 시간 동안 다섯 번이나 세계 챔피언십에서 우승한 팀이다.

롬바르디는 선수들에게 "쉬지 않고 완벽해지려는 노력을 멈추지 말아야 한다. 물론, 우리가 완벽해질 수는 없다. 하지만 완벽을 추구하면 탁월한 수준까지는 도달한다"라고 말하곤 했다. 바로 이런 마음으로 선수로서의 커리어를 밟아야 한다!

심신을 강화하는 것은 물론, 기술과 전술을 늘릴 때도 금메달을 노리는 마음으로 임해야 한다. 로스앤젤레스 레이커스의 슈팅 가드 코비 브라이언트는 NBA 챔피언을 다섯 번 차지한 전설적인 선수다. 『코비 브라이언트』를 저술한 마크 스튜어트는 완벽을 추구하는 브라이언트의 생각을 보여준다. "항상 완벽을 추구합니다. 완벽을 달성하지는 못하더라도 가까워질 수는 있죠." 완벽함에 1퍼센트라도 가까워지기 위해 매일 노력하라. 그러면 경기를 하는 순간 지금까지의 훈련이 자연스럽게, 그 어떤 제약도 없이 진가를 발휘할 수 있다.

똑같은 실수는 절대 반복하지 마라

객관적으로 자신의 진도를 점검하고 성공을 향해 나아가려면 어떻게 해야 할까? 더 나은 성적을 위해 창조성을 발휘하고 새로운 아이디어를 내려면, 주기적으로 자신의 경기를 점검해야 한다. 정신적, 기술적, 전술적 측면을 두루 살피되 특히 다음과 같은 세 가지 질문을 스스로에게 던져보자.

- 무엇을 잘했지?
- 무엇을 개선해야 할까?
- 최고가 되려면 무엇을 바꿔야 할까?

이렇게 생각하다 보면, 경기의 각 분야를 넓게 생각하는 동시에 세세한 부분까지 깊게 팔 수 있다. 이런 기록을 적은 것이 챔피언 일기다.

자, 세 가지 질문을 던지고 이에 대한 답을 기록해보자(경기하고 나서 48시간 이내에 적는 것이 가장 바람직하다). 어떤 것이 먹히지 않았는지, 무엇을 바꿔야 하는지 적는다. 잘한 것이 있다면 이를 인정하고, 다음에는 더 잘하기 위해 어떤 점을 더 집중적으로 다뤄야 하는지 살펴보는 것이 주안점이 된다. 실수에서 교훈을 얻어서 똑같은 실수를 반복하지 않는다. 진도를 점검하기 위해 주기적으로 일기를 다시 살펴본다.

다음 장에 실어놓은 챔피언 일기를 살펴보자. 어느 프로 야구 선수의 일기를 가져왔다. 게임을 바라보고 자신을 이해하는 방식에서 챔피언과 평범한 선수의 차이가 생긴다. 상황이 불리할 때에도 자신을 믿고 굳건하게 버틸 수 있을까? 러시아 선수를 상대로 '빙상 위의 기적'을 만든 하키 선수 짐 크레이그가 그랬던 것처럼? 마이클 조던처럼 일시적이고 한시적인 실패에서 교훈을 얻어 궁극적인 성공을 위해 공을 날릴 수 있을까? 생산적인 라이벌 관계를 만들기 위해 노력하는가? 우수한 선수는 이런 방식으로 생각하고 올바른 길을 걸어간다.

잘한 점

- 대기석에서 나의 투구를 그려보고 공을 왼쪽 중앙이나 오른쪽 중앙
  의 빈틈으로 꽂아 넣는 모습을 상상했다.
- 매일 훈련하고 자세를 수정해서 배팅 실력을 높였다.
- 깊고 고르게 숨을 쉬어서 긴장을 풀고 움직임을 부드럽게 하기 위해
  집중했다.

개선할 점

- 경기장에서 실수했을 때 다시 빠르게 시합에 집중하자.

최고가 되기 위해 바꿀 점

- 실수를 곱씹거나 나 자신을 탓하지 말고 '지금 이 순간'에 몰입할 수
  있게 정신을 차리자.
- 글러브에 "정신 차려!"라고 새긴 다음, 항상 마음에 이를 새기자.
- 공이 내게 오길 간절히 바라자. "나한테 와!"라고 생각하자.

05

THE CHAMPION'S MIND

당신을 정상으로 이끄는
심리 기술

한 사람의 정신적 성장을 다룬 심리학적 연구가 많다. 이러한 흥미로운 연구는 스포츠 세계에 중대한 영향을 끼치기도 했다. 이번 장에서는 대표적인 연구 결과는 물론, 스포츠 심리학자들의 최신 리서치 결과와 심리학 이론을 살펴본다. 운동 능력에 상관없이 모든 선수에게 중요한 주제를 다룰 것이다. 이를 바탕으로 인생에서 나름의 업적을 쌓기 위해 챔피언처럼 느끼고, 생각하고, 행동하는 능력을 높이길 바란다.

내 운명은 내가 만드는 것

관습에 따라 사고하면 잘못된 의사 결정을 내리게 되고, 그 결과 당신의 스포츠 커리어에 오점을 남길 수 있다. 따라서 사람이 어떻게 집단사고의 늪에 쉽게 빠지는지, 챔피언이 되려면 독자적인 사고 능력을 키우는 것이 왜 중요한지 반드시 이해해야 한다.

1972년 심리학자 어빙 제니스는 '집단사고'란 "여러 사람이 함께 사고하면서 의견을 일치시키겠다는 욕구가 대안을 현실적으로 검토하겠다는 동기를 압도하는 경우"라고 정의했다. 1951년 사회 심리학자 솔로몬 애쉬와 동료들은 그룹 내에서의 의견 합치에 관한 연구를 진행했다. 연구 대상은 대학생들이었다. 피실험자들은 교실에 앉아서, 시력 테스트에 참여한다는 안내를 들었다. 사실 이 교실에는 이 실험의 진짜 정체를 알고 있는 '공모자'들도 함께 섞여 있었다. 실험의 목표는 피실험자가 공모자의 의견에 동조해 오답을 내놓는지 관찰하는 것이었다.

그들은 한 개의 수직선이 그려진 흰색 카드를 본다. 다음에는 세 개의 카드 A, B, C가 눈앞에 펼쳐지고, 여기에는 각각 다른 길이의 수직선이 하나씩 그려져 있다. 피실험자는 이 세 개의 카드 중 맨 처음 본 카드와 똑같은 길이의 수직선이 그려진 카드를 골라내야 한다. 선택이 끝나면, 동일한 실험이 총 18번 반복된다. 처음 몇 번의 실험에서 공모자는 정답을 내놓지만 나머지 실험에서는 완전히 틀린 답을 말한다.

실험 결과에 따르면, 의견 합치에 대한 심리적 압력은 애쉬가 상상한 것 이상으로 강했다. 피실험자가 잘못된 답에 동조할 확률은 37퍼센트였다. 무려 75퍼센트에 달하는 피실험자가 적어도 한 번 이상 잘못된 대답을 내놨다. 하지만 자신이 생각한 답을 혼자 종이에 쓰도록 하자, 정답이 나올 확률은 98퍼센트로 올라갔다.

이 결과를 보면 사람은 주위 사람들이 잘못된 답을 내놓고 있음을 알면서도 그 답을 따라간다. 굳이 눈에 띄거나 혼자 다른 의견을 낸다는 말을 듣고 싶지 않은 것이다. 일반적인 의견이 형편없더라도, 그룹에 묻어가기 위해 이를 묵인하는 것이다.

챔피언이 되고 싶다면, 적당히 타협하며 노력하면 안 된다. 설사 팀원이나 경쟁 상대가 옆에서 슬렁슬렁 운동하더라도 그 분위기에 휩쓸려서는 안 된다. 최고의 나를 찾기 위해 절대 안주하지 말고 자신이 세운 기준을 충족해라. 마음속으로 다른 챔피언이나 높은 성적을 보이는 롤모델을 떠올리고 자신과 비교하면서 훈련하고 경쟁하라. 선수로서의 장래와 개인으로서의 운명 모두 내 손으로 개척하는 것이다.

버티는 자가 이긴다

1972년 스탠퍼드대학교의 심리학자 월터 미셸은 보상 유예에 관한 연구를 시작하면서, 4~6세 아동을 대상으로 실험을 진행했다. 실험은 간단하다. 아이에게 마시멜로를 하나씩 내어준다. 아이에게 그 마시멜로를 지금 당장 먹어도 되지만, 15분 동안 먹지 않고 기다린다면 마시멜로를 하나 더 내주겠다고 약속한다. 연구 팀은 아이가 마시멜로를 먹고 싶은 유혹을 얼마나 오랫동안 참을 수 있는지, 그리고 그 참을성이 아이의 장래에 어떤 영향을 끼치는지 살펴본다.

달리 관심을 끌 것이 없는 방 안에 아이와 마시멜로만 남았다. 어떤 아이는 연구원이 자리를 뜨자마자 마시멜로를 덥석 먹는다. 그 아이가 두 번째 마시멜로를 먹을 기회는 사라졌다. 15분이 지날 때까지 유혹을 참아낸 아이는 전체의 3분의 1에 불과했다. 또한 나이가 많을수록 보상 유예를 성공적으로 해낼 가능성이 높았다.

16년이 지난 1988년, 동일한 아이들을 대상으로 후속 연구가 진행되었는데, 그 결과는 놀라웠다. 막 성인이 된 아이의 성취와 마시멜로 테스트 결과는 높은 연관성을 보였다. 부모들은 보상 유예를 잘 참아낸 아이가 주위 아이들보다 훨씬 실력이 뛰어나다고 평가했다. 1990년 두 번째 후속 연구에서 보상 유예 능력은 SAT 점수와도 높은 상관관계를 나타냈다.

자기 통제 능력은 챔피언이 되는 비결이다. 자기 통제가 뛰어난 사람은 당장 눈앞에 주어진 보상을 미루고 남들보다 오랫동안 괴로운 상황을 참아내 더 큰 보상을 받을 의지가 있다. 인생을 살아가며 끊임없이 계속되는 마시멜로 테스트를 이겨내려면 당장 그만두고 싶다는 생각을 참고 좀 더 버텨야 한다. 그러기 위해 다양한 요령을 활용해보자. 예를 들어 음악을 듣거나, 깊은 호흡을 내쉬거나, 다이어트고 뭐고 실컷 먹고 싶다는 생각에 관해 대화를 나누자. 유혹에서 벗어나는 방식은 여러 가지다.

운동을 짧게 끝내버리고 싶다는 생각에 굴복하지 말고, "금메달!"이라고 큰 소리로 외치며 하던 운동을 계속하자. 계획대로 운동을 끝내면 얼마나 기분이 좋아질지 상상해보자.

날마다 마시멜로 테스트를 하고 있다고 생각해야 한다. 도전에 맞설 때마다 머리를 똑바로 든다. 기다림은 그럴 만한 가치가 있고, 참을성에는 보상이 따라온다. 뭘 해야 할지 생각하지 말고 무엇을 얻을지 생각하라. 눈앞의 목표를 좇을 만한 의지력이 내게 있다고 믿어라. 보상에 초점을 맞추고 앞으로 나아가라. 자, 오늘 몇 개의 마시멜로 테스트를 견뎌낼 것인가?

빠르게 평정심 찾는 법

노먼 트리플렛 박사는 스포츠 심리 분야에서 선구적 연구를 진행해 대가라는 명성을 얻었다. 열광적인 사이클리스트였던 트리플렛은 (스포츠 성적을 포함해서) 어떤 일을 할 때, 다른 사람의 존재가 한 사람의 성적에 어떤 영향을 끼치는지 궁금했다.

1898년 트리플렛은 《미국 심리학 저널》에 〈페이스메이킹과 경쟁에 따른 신경성 활력 요소〉라는 논문을 발표한다. 논문에 따르면, 페이스메이커나 다른 경쟁자와 함께 사이클을 타면 혼자 시간을 재며 사이클을 달릴 때보다 라이더의 속도가 빨라진다. "다른 라이더의 물리적 존재가 경쟁심을 불러일으키고 라이더에게 자극을 준다. 또한 다른 사람의 존재로 인해 신경 활력이 자유로워진다. 혼자서는 그런 일이 일어나지 않는다. 누가 눈앞에서 나보다 빠르게 움직이는 것을 보면 라이더는 더 노력하려는 욕심을 내게 된다."

1924년에 사회심리학자 플로이드 올포트는 이미 잘 알고 있거나 단순한 일은 다른 사람이 있을 때 더 잘하게 된다고 설명하면서 사회적 촉진이라는 용어를 사용한다. 하지만 일의 난이도가 높으면 다른 사람의 존재는 오히려 상반된 결과를 가져온다. 생리적 흥분이나 자극이 지나치게 발생하면서 성취도가 낮아진다. 이 점을 생각하면, 어떤 선수들이 실제 경기보다 훈련 때 더 나은 성적을 내는지 설명이 된다.

트리플렛의 사회적 촉진을 어떻게 활용해야 내 성적이 좋아질까? 단순하거나 익숙한 일을 할 때는 더 노력하기 위해 남들과 함께하자. 스피닝 레슨에 참여하거나 사이클링 파트너를 찾아서 함께 타자. 혼자 훈련할 때도 머릿속으로 경쟁자를 그려보고 경쟁심을 가져보자.

골프처럼 심리적으로 복잡한 경기를 치르면서 흔들리는 멘탈을 극복하려면 어떻게 해야 할까? 중요한 라운딩을 하기 전에 워밍업을 하는 골프 선수를 떠올려보자. 연습장에서는 무난하게 공을 쳤을지 몰라도, 다른 선수와 같이 치는 순간에는 첫 티부터 안절부절못할 수 있다. 다 같은 티업(공을 티에 올려놓은 일)인데도 말이다. 자신의 순서를 기다리면서 지나치게 흥분하거나 의식하면, 스윙의 리듬을 잃기 마련이다.

어떻게 해야 다른 사람이 있더라도 효과적으로 공을 칠 수 있을까? 나는 심장박동 수를 올린 뒤 샷을 치는 훈련을 추천한다. 샷을 치기 전에 60~90초 동안 점핑 잭을 해보자. 그러면 긴장한 상태에서도 샷을 성공할 확률이 높아지면서 다른 사람이 있더라도 제대로 공을 칠 수 있다. 또한 훈련할 때도 다른 사람들과 경쟁하는 상황을 연출하면 실제 경기에서 도움이 된다.

샷을 치기 전에 꼭 지키는 루틴을 만들어놓자. 첫 번째 티업을 하고 라운딩을 반복할 때마다 이를 반복하면 긴장도가 줄어든다. 아래 사례를 살펴보자.

- 정확한 목표를 가늠하고 샷에 집중한다.
- 공이 페어웨이에 무난하게 올라간다고 상상한다.
- 마음을 진정하고 긴장을 풀기 위해 깊게 숨을 내쉰다.
- 최상의 박자를 위해 한두 번 샷을 연습한다.
- 샷을 친다.

마음을 바로잡고, 몸을 준비한다. 그리고 자신만의 박자를 살려서 스윙한다. 이 루틴을 반복하다 보면 더 이상 첫 번째 티업을 두려워하지 않게 된다. 되레 자신이 너무 잘 쳐서 놀라게 될지도 모른다!

운동선수의 부모를 위한 팁

신뢰를 기준으로 보면 세상 모든 사람은 오직 두 가지로 나뉜다. 당신이 믿을 수 있는 사람은 신뢰 서클 안으로 들어오고, 그렇지 않은 사람은 밖에 존재한다. '신뢰 서클'이라는 개념을 사용해 부모가 선수로 활동하는 아이를 어떻게 지원할지 생각해보자. 아이와 신뢰 관계를 쌓는 일은 꽤나 어렵다. 스포츠에서 아이가 성공하게 하려면 어떻게 도와야 하는지, 부모는 자신이 제일 잘 안다고 생각한다. 하지만 최선을 다하겠다는 의도는 쉽게 꺾인다. 부모가 자신의 충고를 스스로 어떻게 평가하는지는 중요하지 않다. 아이들이 당신의 충고를 어떻게 받아들이는지가 핵심이다.

종이 위에 원을 하나 그린다. 이 원이 아이가 가진 신뢰 서클이다. 서클 안에 그려진 점은 아이에게 도움이 되는 부모의 행동이다. 바깥에 그려진 점은 아이에게 도움이 되지 않는 행동이다. 챔피언의 부모가 되려면, 아이 혹은 아이의 스포츠가 어떻든 당신의 어떤 행동이 서클 안에 들어가고 어떤 것이 밖으로 나가는지 알아야 한다. 이렇게 눈에 보이는 그림을 그려보면, 브레인스토밍도 매끄럽게 할 수 있고, 긍정적이고 실용적으로 변화할 수 있으며, 아이와의 유대감도 강해진다.

운동선수는 부모가 어떤 행동을 보여주기를 바랄까? 앨버타대학교의 카밀라 나이트 박사는 테니스 선수를 대상으로 부모에게서 바라는 행동에 대한 설문을 진행했다. 42명의 뛰어난 캐나다 테니스 선수를 상대로 11개의 포커스 그룹 인터뷰가 시행됐다. 주요한 결과 중 몇 개를 사례로 살펴보자.

- 부모는 자세와 노력에 대해서는 평가를 하지만 기술이나 작전에 대해서는 말을 삼간다.

- 부모는 아이에게 실용적인 충고를 한다.

  (영양이나 워밍업에 대해 상기하는 것)

- 부모의 비언어적인 신호는 말과 같은 의미를 포함해야 한다.

  (아이에게 격려를 건넨다면, 부드러운 몸짓을 동반하라)

- 경기 에티켓을 이해하고 존중해야 한다.

  (심판에게 소리를 지르는 등 나쁜 매너를 보이지 않아야 한다)

또한 피드백을 던지는 타이밍도 중요하다. 경기장이나 훈련장으로 아이를 데려다주면서 기나긴 설교를 늘어놓거나 경기에 대해 깊은 대화를 하는 건 바람직하지 않다. 저녁 식사 자리도 아이를 가르치기에 적당하지 않다. 대신 아이와 많이 웃고, 소중한 시간을 함께 즐겨라. 경기 직전에는 아이에게 엄지를 척 올려 보이거나, 함박웃음, 격려의 등 두들김, 머리 끄덕이기 등 긍정적인 신호를 보내라.

아이를 있는 모습 그대로 사랑하라. 아이가 하는 일에 대한 대가로 사랑을 주면 안 된다. 아이가 자랑스러워할 만한 일을 해내도록 도와줘라. 아이의 잘못된 행동은 꾸준하게, 열심히 고쳐줘라. 힘들게 무언가를 해내면 칭찬을 아끼지 마라. 아이와 눈을 맞추고, 아이가 말을 건넬 때는 집중해서 들어준다. 부모는 아이의 롤모델이다. 자신이 중시하는 가치를 먼저 몸으로 실천하라. 이렇게 행동하면 부모는 아이의 신뢰 서클 안에 머물게 된다.

자신이 운동선수라면 길러주고 사랑해준 부모님에게 감사하라. 어떻게 그들을 도울 수 있는지 찾아보자. 좀 더 자주 "고마워요"라고 말하라. 어떤 행동을 좋아하고, 어떤 행동을 바꾸길 바라는지도 질문하라. 부모가 무엇을 생각하고 원하는지 귀 기울여라. 부모와의 끈끈한 공감대는 고된 스포츠 세계를 버티고 이겨낼 힘이 될 것이다.

감사하는 마음에는 힘이 있다

고대 그리스 철학자 플라톤은 "감사하는 마음은 위대한 모든 것을 가져오는 근사한 마음가짐이다"라고 썼다. 긍정 심리학 분야의 최근 연구에 따르면 감사를 표현하면 개인과 그룹 모두에게 좋은 방향으로 흘러간다. 감사하는 마음을 느끼거나 고마워하는 자세는 그 사람의 삶의 질과 직결된다. 다양한 연구 결과에 따르면, '감사 일기'를 쓰거나, 감사해야 할 일을 적는 것은 정신 건강에 이롭다.

2003년 《개인 성격과 사회 심리학 저널》에 캘리포니아대학교의 로버트 에몬스 박사, 마이애미대학교의 데이비스 맥컬로 박사와 마이클 맥컬로 박사가 발표한 논문을 보면 10주에 걸쳐 감사 일기를 쓴 실험 참가자들이 훨씬 많은 행복감을 느끼고 미래를 더욱 긍정적으로 바라보는 것으로 나타났다. 이때 감사 일기에는 친구에 대한 고마운 기억, 좋아하는 뮤지션에 대한 이야기 등 크고 작은 감사한 마음이 표현되어 있었다. 또한 이들은 다른 사람들에 대한 불만을 기록하거나, 별 감흥 없이 주요 사건을 나열한 사람보다 운동을 많이 했다.

"선한 일을 찾아요. 사방에 널려 있어요. 찾아내고, 널리 알리면 당신도 믿게 됩니다." 올림픽 육상 경기의 전설이라고 불리는 제시 오언스의 말이다. 감사하는 마음을 가지면 태도가 긍정적으로 변하고, 최상의 컨디션으로 경기를 치러내는 능력도 길러진다. 게임은 물론 인생의 경험을 즐기고 더 나아지려는 마음도 갖게 된다. 또한 가족, 친구, 팀원, 코치와 긍정적인 인간관계가 형성되어 선수에게 바람직한 영향력을 미친다.

스포츠와 인생을 돌아보고, 감사하는 마음을 갖는 일들을 곱씹어 보라. 감사 일기를 쓰면 쉽게 할 수 있다. 오늘이나 이번 주에 일어난 좋은 일을 다섯 개씩 기억해내서 적어보자. 힘들게 연습하면서 팀원에게서 격려받은 일, 연습 전에 좋아하는 음악을 들은 것, 한참 달리면서 산들바람을 느낀 것, 코치가 자세를 고쳐준 것 등 아주 사소한 일이라도 좋다. 마음속 긴장이 풀리고 쉽게 기분 전환이 될 것이다.

명상은 두뇌의 벤치 프레스

명상은 수천 년 동안 다양한 방식으로 전해져왔는데, 그럴 만한 이유가 있다. 과거 일본 사무라이들은 검술을 훈련할 때 명상으로 수련했다. 왜냐고? 고요한 마음에서 강력한 힘이 나오기 때문이다. 평온한 마음으로 운동하면 무아지경에 빠지게 된다. 최고의 경기를 하려면 선수는 당장 눈앞에 주어진 임무에 집중하고, 다른 곳으로 마음이 빠지지 않아야 한다. 관련 없거나 두서없는 생각은 집중력을 떨어뜨리고 근육의 긴장만 강화한다.

다양한 연구에 따르면, 명상 훈련은 두뇌 기능을 향상시키고, 두뇌 구조에 뚜렷한 변화를 가져온다. UCLA 대학교의 에일린 루더스 박사는 활발하게 명상을 연습하는 사람들의 두뇌 구조를 관찰하는 연구를 했다. 오랫동안 명상을 수행한 사람과 전혀 명상하지 않은 사람의 두뇌 스캔을 비교한 결과, 박사는 명상이 지능 수준을 높일 수 있다고 결론짓는다. 텍사스공과대학교의 이-유안 탱을 포함한 여러 신경 과학자들이 게재한 논문에 따르면 한 달 동안 총 11시간에 걸쳐 몸과 마음을 수련한 사람의 경우(이는 일종의 마인드풀 명상에 해당한다) 두뇌 연결과 효율성이 높아지면서 정신 건강에 이로운 효과가 나타난다.

또한 하버드의료대학의 정신과학자 브리타 홀젤은 8주에 걸쳐 매일 30분씩 '마음챙김 명상'을 연습하면 두뇌의 물리적 구조가 놀라울 정도로 좋아진다는 연구 결과를 발표했다. 홀젤은 실험 참여자들이 명상 훈련을 시작하기 전과 후에 각각 MRI를 촬영해서 이를 비교해보았다. 그 결과 명상 훈련 후에 두뇌의 학습과 기억에서 중요한 역할을 담당하는 해마의 회백질이 증가한다는 사실을 발견했다. 반면 불안과 스트레스 증상에 관련된 편도체에서는 회백질이 감소했다.

홀젤은 실험을 위해 MBSR(마인드풀을 바탕으로 한 스트레스 감소법)을 사용했는데, 이 인기 높은 명상 방식은 1970년대 후반 존 카밧진 박사가 고안했다. MBSR에서는 다양한 사물을 활용해 관심을 집중한다. 숨 쉬는 감각, 감정이나 생각, 혹은 몸의 느낌을 관찰하는 등 여러 방법이 사용된다. 중요한 건 지금, 이 장소로 마음을 돌려놓는 것이다. 마음이 아무 데나 휩쓸리도록 내버려 두지 않는 것이다.

마음챙김 명상은 앞에서 거론한 모든 심리 기술과 전략을 강화하고 보완해준다. 특히 쉽게 반응하거나 감정적인 마음을 보듬고 집중력을 다듬는 데 유용하다. 이제 마음챙김 명상 훈련을 하면서 이번 장을 마감해보자. 정신을 쏟을 특별한 주제를 하나 고른다. 호흡의 느낌(특히 호흡하는 소리)을 고를 수도 있고, 주문을 외우거나 숨을 내쉴 때마다 "옴", "진정하자" 같은 말을 내뱉는 연습을 할 수도 있다.

바닥에 발바닥을 온전히 붙이거나, 양반 자세를 하고 의자 위에 곧게 앉는다. 지금, 이 순간 여기에 정신을 잡아둔다. 눈을 감고 숨 쉬는 과정에 집중한다. 고르게, 자연스럽게, 깊게, 천천히 호흡한다. 관심을 쏟기로 한 주제, 숨 쉬는 느낌(배가 오르락내리락하는 느낌)에 집중한다. 계속 반복하면 현재에 몰입하게 되고, 마음이 쉽사리 다른 곳으로 흘러가지 않는다.

현재 상태에서 마음이 멀어진 것을 깨닫는 순간 "윽"(저항, 절망)이라는 소리를 내뱉는 대신 "흠"(중립, 호기심) 하는 소리를 내보자. 마음은 과거와 미래를 오가기도 하고, 지금 내가 얼마나 잘 명상하고 있는지 판단하기도 한다. 이런 일이 일어나면 가만히 바라보고 다시 호흡하는 느낌에 집중하라. 이를 계속 반복하자. 잡생각, 감정, 느낌 등이 모습을 드러냈다 사라지고 마음이 점차 고요한 호수처럼 진정되면서 차분한 상태에 머물게 될 것이다. 약 10~15분 동안 훈련을 계속하라. 매일 10분씩 명상을 훈련하면 값진 결과를 얻게 된다.

존 카밧진의『존 카밧진의 왜 마음챙김 명상인가?』는 명상 연습에 큰 도움을 주는 뛰어난 책이다. 카밧진은 1984년 미국 올림픽 남자 조정 팀을 대상으로 마음챙김 명상을 훈련하기도 했다. 몸을 훈련하듯 마음을 다스리는 일에도 노력이 필요하다. 명상 연습에는 많은 시간과 에너지가 필요하지 않다. 하루에 5분이라도 짬을 내어 지금 이 순간에 몰입하는 연습을 하자. 과거와 미래에 얽매이지 않고 오로지 현재에만 집중하는 습관을 길러줄 것이다.

본격적인 훈련을 시작하기 전에는 명상으로 흐린 마음을 정화하라. 경기 전날에 마음을 차분히 하려면 명상을 하고 싶은 잠에 빠져라. 명상으로 한 단계 더 나아진 자신을 발견해보자.

앞으로 나아가려면, 자신의 운명은 자신이 결정해야 한다. "점성술이 내 운명을 결정하지 않는다. 나 자신이 내 운명을 결정한다"라고 윌리엄 셰익스피어는 말했다. 집단사고를 주의하고, 부정적인 또래 압력에 빠지지 않도록 주의하라. 샛길로 빠져나가고 싶다는 유혹을 꾹 참고 더 뛰어난 모습을 보이기 위해 매일 훈련하는 데 집중하라. 운동 수업에 참여하거나 훈련 파트너를 구하라. 간단하고 익숙한 일을 계속 하고, 끊임없이 효과를 극대화하라. 가족과 대화를 나누고, 의사소통 문제를 해결하기 위해 같이 노력하라. 좋은 일은 잘 적어두어라. 두뇌를 훈련하고 집중력을 키우기 위해 명상 훈련을 하라.

위대한 선수는
어떻게 생각하고 훈련하는가

올림픽은 세계에서 가장 많은 사람이 시청하는 최대 규모의 스포츠 이벤트다. 금·은·동메달은 올림픽에 참가한 우수한 선수들이 일궈낸 성공을 모두의 눈앞에 구체적으로 보여주는 상징이다. 이번 부록에서는 장애물을 발판 삼아 한 개 혹은 그 이상의 금메달을 따내면서 화려한 시절을 구가한 선수의 마음속을 들여다보기로 하자.

먼저 '마음속' 금메달을 따내는 것이 궁극적인 승리라는 사실을 명심하라. 외부로 드러난 점수는 중요하지 않다. 진정한 챔피언은 모든 난관을 무릅쓰고 자신의 잠재력을 최대치로 보여준 사람이다. 이들은 무언가를 다루는 데 완벽한 사람들로, 챔피언의 마인드를 갖추기 위해 어떤 여정을 지나왔는지 살펴보게 한다. 어떤 이는 심각한 부상을 털고 일어났으며, 어떤 이는 모든 난관을 꿰뚫고 금메달을 쟁취했다. 이들이 들려주는 교훈은 누구에게나 깨달음을 준다. 올림픽이라는 시련의 장에서 우러나온 소중한 교훈이다. 세계에서 가장 위대한 운동선수들이 말해주는 조언을 새겨듣고 챔피언의 마인드를 배워보자.

던컨 암스트롱
1988년 서울 올림픽 수영 금메달리스트

올림픽 대회는 많은 운동선수에게 영감을 준다. 낯선 이국에서 경쟁하며 평생 기억할 추억을 담고 돌아갈 수 있기에, 선수들은 모험에 기꺼이 참가한다. 선발전을 겪으면서 공동체의 분위기를 만끽하고 개막식 이후에는 올림픽 선수촌에서 한껏 즐거운 시간을 보낸다. 선수들이 얼마나 다양한 방법으로 이 귀한 기회를 즐겼는지 모른다. 나는 이야기를 듣는 것도, 하는 것도 좋아한다. 올림픽은 용기, 인내, 기회주의, 예상치 못한 일에 대한 이야기로 가득 차 있다.

어렸을 때 올림픽 선수가 되겠다는 꿈에 불을 지펴준 이야기를 하나 해보려 한다. 퀸즐랜드 출신 수영 선수 스티븐 홀랜드가 1976

년 몬트리올 올림픽 남자 1,500미터 자유형에서 동메달을 땄을 때, 나는 고작 여섯 살이었다. 도서실을 꽉꽉 채운 전교생이 홀랜드가 금메달을 향해 헤엄치는 모습을 같이 지켜보았다. 우리는 수영계의 신동이 금메달을 꿰찰 유력한 기회를 목격하며 흥분하고 환호했다. 유감스럽게도, 그보다 더 뛰어난 선수가 두 명 있어서 동메달에 그치기는 했지만 그날 도서실에서 느낀 묘한 흥분 덕분에 나는 올림픽에 참가하겠다는 생각으로 수영을 시작했다.

운동선수는 올림픽에 참여하기 위해 몇 년간 열정과 꿈을 품고 훈련한다. 그래서 올림픽에서 우승하기란 절대 쉽지 않다. 모국을 대표해서 올림픽에 참가한다면, 그저 성실하게 준비한 선수들과 경쟁하는 것으로 끝나지 않는다. 강력한 동기부여를 받았거나 재능이 뛰어난 선수, 타협이란 단어를 모르며 매우 진지한 태도로 임하는 선수들이 전 생애를 바쳐 올림픽을 꿈꾸고 준비한다. 그런 사람들을 상대로 경쟁하는 것이다. 어떤 예상도 쓸모없다. 시작을 알리는 총이 울리는 순간, 어떤 일이 일어날지 아무도 모른다. 수많은 스포츠 팬이 운동경기를 사랑하는 이유다. 다음에 무슨 일이 일어날지 예측조차 할 수 없는 상태로 눈앞에서 역사가 만들어진다.

올림픽에 대한 신념 덕에 1988년 서울에서 200미터 자유형 우승을 거둘 수 있었다. 당시 한국의 문화가 어땠는지, 누가 우리 팀에 들어와 있는지, 올림픽 선수촌이 어떻게 생겼는지, 스폰서 기업들이 어떤 물품을 공짜로 나눠줬는지는 하나도 관심이 없었다. 나는 스무 살이었고, 5년 동안 코치 로리 로렌스와 지옥 같은 훈련을 겪어냈다. 눈에 들어오는 것들이 있긴 했지만, 그다지 중요하지 않았다. 이기기 위해 믿을 수 없을 만큼 집중했고, 바로 이 점이 경쟁 상대에겐 없던 나의 장점이었다.

경기 열흘 전 서울에 도착했고, 입소 후에는 선수촌 밖으로 나가지 않았고 내 방을 떠나는 일도 거의 없었다. 먹고, 훈련하고, 잠을 잤다. 그리고 경기가 끝나고 나면 4년 동안 째깍째깍 돌아가던 시계가 마침내 멈출 것이라는 생각을 하지 않기 위해 노력했다. 경기하는 그 마지막 순간이 오기 전까지 선수들은 4년 동안 몸과 마음을 갈고닦는다. 경기 때에는 그 어떤 변명도 통하지 않는다. 200미터 역사상 내가 가장 뛰어난 선수라는 점을 입증하기 위해서 주어지는 시간은 1분 47초에 불과하다. 이 시나리오에 변명이 끼어들면 패배한다. 확실하고 간단한 이야기다. 수년간 이를 악물고 훈련해서 최고의 몸 상태를 만들었더라도, 바이러스나 독감 때문에 경기 직전에 컨디션이 악화될 수 있다. 경기 시작 전에 자신감이 꺾이기도 한다. 그러면 경쟁자는 나를 갈가리 찢어버린다. 4년간의 모든 노력은 물거품으로 돌아간다. 더할 나위 없이 끔찍한 이야기지만, 많은 금메달 후보가 이런 경험을 한다. 다른 선수들과 똑같이 4년이 주어질 때, 이를 최대한 활용하지 않으면 이길 수 없다.

1988년, 나는 마음도 굳게 먹었고 자신감으로 충만했다. 하지만 내 훈련이 예상보다 혹독했으며, 금메달을 노릴 만큼 실력이 일취월장했다는 사실을 아는 사람은 몇 명 없었다. 나는 이 기회를 붙잡기 위해 모든 것을 했고, 이제 200미터 자유형 경기에서 가장 빨리 헤엄치는 사람과 경쟁하기만 하면 됐다. 아주 쉽지 않은가?

금메달만을 생각했던 이틀간의 경기는 마치 운명처럼 흘러갔다. 한참이 지난 지금 생각해도 어쩌면 그렇게 모든 일이 순조로웠는지 신기하기만 하다. 경쟁에서 살아남은 것은 연습에서 자신감을 쌓아왔기 때문이다. 더 열심히 훈련할수록 실력이 나아졌다. 수영 선수로 생활하는 내내 지나치게 훈련을 많이 하기는 했지만 말이다. 하지만 그 어떤 이들보다 더 많이 훈련했다는 사실을 알게 되자 자신감이 급상승했다. 레인에 같이 선 다른 일곱 명이 나와 같은 수준으로 훈련하지 않았다는 것을 알고 있었다. 총성이 들리자, 나는 나만이 느끼고 있던 것을 남에게 보여주었다. 자신감이 충만해 처음 100미터를 그 어느 때보다 빨리 수영했다. 그때 나는 나머지 100미터도 근사한 폼으로 마무리할 수 있을 것이라 확신했다.

생각한 대로 실천에 옮겼고, 경쟁 선수들은 나머지 100미터에서 나를 따라잡지 못했다. 그날 나는 세계 신기록을 깨고 금메달을 목에 걸었다.

경기에서 금메달을 딴 선수의 이야기는 모두 흥미롭지만, 그중에서도 초라한 배경을 딛고 수년 동안 '동물처럼' 훈련에 훈련을 거듭한 선수의 성공 신화는 많은 영감을 준다. 그렇게 훈련하면 위대한 용기와 결단력으로 모든 난관을 극복하고 놀라운 성공을 거두게 된다. 나는 에밀 자포텍, 블라디미르 사르니코프, 라세 비렌, 허브 엘리엇 같은 올림픽 금메달리스트가 되고 싶었다. 그 어떤 것에도 타협하지 않고 훈련에 매진했으며, 그 대가로 궁극적인 보상을 받은 이들이다.

존 몽고메리

2010년 밴쿠버 동계 올림픽 스켈레톤 금메달리스트

스포츠는 복합적인 의미를 갖는다. 어떤 이에게는 무언가에서 벗어나는 수단이고, 누군가에게는 어딘가에 속할 수 있는 방법이며, 더 나은 삶을 위한 도구가 되기도 한다. 내게 스포츠는 원하는 것을 얻기 위한 수단이었다. 새로운 것을 시도하고, 안전지대를 벗어날 만큼 자신을 믿지 않았다면, 내게 딱 맞는 스포츠도 발견하지 못하고, 원하는 것은 물론 인생에서 어떤 열정도 느끼지 못했을 것이다.

나는 캐나다 매니토바의 외곽에서 자랐다. 16명의 또래 소년들과 함께 이 작은 도시에서 같이 자랐는데, 이들은 모두 훗날 훌륭한 운동선수가 되었다. 휴식 시간이면 친구들과 함께 로드 하키(땅에서 하는 아이스하키 게임)를 하고, 겨울에는 아이스하키를 했으며, 여름에는 내내 야구에 열중했다. 내가 속한 팀은 예선전을 치를 만큼 스포츠 특기생이 많지도 않았고, 다른 도시에서 선수를 스카우트할 형편도 되지 않았다. 하지만 아주 뛰어난 코치들 덕에 고작 인구가 1,600명인 마을 출신인 우리 아이스하키 팀은 주 대회에서 여덟 번의 챔피언십을 따냈고, 야구로는 캐나다 서부 지역 동메달, 주 대회 챔피언십을 두 번 낚아챘다. 경기에 나가는 가장 작은 규모의 팀이었지만, 우리는 마치 대규모 팀이라도 되는 양 굴었다. 그리고 얼음에 발을 내디딜 때마다 우리가 이길 거라는 굳은 신념을 가졌다. 우리에게 주어진 단 하나의 장점은 바로 이 확신과 자신감이었을 것이다.

다른 팀을 위협해서 겁을 주는 팀조차 우리를 보고는 당황해서 뒤로 물러서곤 했다. 점수판의 불이 꺼질 때까지, 혹은 마지막 아웃이 선언될 때까지 우리는 절대 물러서지 않고 끝까지 압박했기 때문이다. 이 불굴의 태도와 믿음 덕에 지극히 불리한 상황에서도 이길 수 있었다. 이런 경우는 너무나 많았다. 이때 우리에게는 자신에 대한 확신밖에 없었는데도 말이다. 구하면 얻을 수 있다고 굳게 믿었다.

이때 얻은 교훈은 어른이 된 내 모습을 형성하는 데 큰 영향을 미쳤다. 캘거리에서 대학 공부를 마무리 짓고 있을 무렵 나는 나만의 것이라고 부를 수 있는 무엇을, 내가 열중할 수 있는 무엇을 절박하게 찾고 있었다. 자라면서는 하키가 그런 존재였지만, 고등학교를 졸업한 이후에는 경쟁심도 사라졌고, 빙판을 떠난 이후로는 동료애나 자기만족에도 그다지 연연하지 않았다. 학교에 있을 때는 학업이 빈 공간을 채워주었지만, 책상에 앉아 글을 쓰는 것은 운동하면서 경쟁자를 눈앞에 두고 나의 패기를 시험하는 것과 매우 다른 일이었다. 운동할 때의 그 느낌, 신체적인 도전, 내 가슴에 (캐나다를 상징하는) 단풍잎을 달고 국가를 대표해서 무언가를 하고 싶다는, 심지어는 뭐라도 하고 싶다는 생각에 다양한 스포츠를 시도해보기 시작했다.

캘거리에 처음 온 2001년 겨울에는 스피드 스케이팅을 탔다. 살면서 내내 스케이트를 탔기 때문에, 스피드 스케이팅을 해보겠다는 선택은 지극히 합리적으로 보였다. 하지만 곧 이 판단이 잘못되었는 것을 알았다. 스피드 스케이트 스케이트는 날이 상당히 날카롭고 길었다. 아이스하키 스케이트가 투박한 나막신이라면 스피드 스케이팅 스케이트는 하이힐이라고나 할까. 빙판 위를 나아가는 방식도 완전히 달랐다. 아이스하키와 전혀 다른 운동이라면 굳이 스피드 스케이팅을 선택할 이유가 없었다. 그리고 전력을 다해 몰두할 스포츠를 선택하기 전에 다른 시도도 해보고 싶었다. 국가대표가 되고 싶다는 목표는 여전히 내 마음속에 살아 있었고, 열심히 매진하려면 현명한 선택을 해야 했다.

2002년 3월, 부모님과 함께 캘거리의 캐나다 올림픽 공원을 우연히 방문했다가 처음으로 스켈레톤 경주를 관람하게 되었다. 그날 나는 스켈레톤을 꼭 시도해봐야겠다고 생각했다. 처음으로 서브 제로 슈트(스켈레톤에서 공기 저항을 최소화하는 특수 슈트)를 입고 머리를 앞으로 한 채 썰매를 타봤다. 스켈레톤은 무려 54년이라는 시간 동안 올림픽 정식 종목에서 빠져 있다가, 그즈음 정식 종목으로 채택되었다. 스켈레톤 썰매는 바퀴 달린 카페테리아 쟁반처럼 생겼지만, 최고 시속이 120킬로미터가 넘는다. 8년 후인 2010년에 개최된 올림픽 경기에서 나는 스켈레톤을 타고 신나게 하강하고 있었다. 단풍잎을 가슴에 붙이고 금메달을 목에 걸겠다는 계획이 예상보다 무려 두 배 이상 빨리 이뤄졌다.

처음 스켈레톤을 탔을 때는 무슨 일이 일어나고 있는지 미처 깨닫지 못했다. 하지만 의심할 여지 없이 나만의 '새로운 것'을 제대로 찾아냈다고 확신했다. 일주일 전만 해도 존재조차 몰랐던 스포츠에서 내가 어떤 것을 일궈낼지는 가늠할 수 없었다. 하지만 어디까지 할 수 있는지 알아보려면 모든 것을 쏟아부어야 한다는 것 정도는 알았다. 능력의 한계를 깨달으려면 열심히 매진하고, 희생하고, 꾸준하게 피와 땀, 눈물을 흘려야 한다. 그래야 성공한다. 반드시 경주에 성공하리란 보장은 없다. 다른 경쟁자와 비교해서 내 수준이 얼마나 될지는 내 통제 밖의 일이다. 하지만 열심히 하면 내가 될 수 있는 최선의 모습은 보여줄 수 있다. 나는 그런 모습이 되고 싶었다. 나는 얼마나 뛰어날까? 어떻게 해야 최선의 내 모습이 나올까? 그렇게 해서 어떤 결과가 나올지는 내게 달려 있지 않다. 몇 등을 할지는 모른다. 내 손아귀에 있는 것은 최선을 다하겠다는 태도와 믿음 뿐이다. 최선의 나만이 다른 이들보다 뛰어날 수 있다. 꿈과 잠재력을 실현하는 사람과 그렇지 못한 사람의 차이는 자신이 찾는 것을 달성할 수 있다는 믿음에서 나온다.

가브리엘 치폴론

1976년 몬트리올 올림픽,
1980년 모스크바 올림픽 조정 금메달리스트

내가 조정 경기를 하면서 겪어온 여정은 꽤 굴곡이 많다. 처음 조정을 시작했을 때, 내가 올림픽 챔피언이 되리라 예측한 사람은 아무도 없었다. 1970년에 리쿠르팅 코치(외부에서 인재를 영입해오는 코치)의 제안을 받았을 때, 나는 조정이 뭔지도 몰랐지만 내 체격과 정신은 조정을 하는 데 안성맞춤이었다. 키도 크고 건장했으며, 에너지가 넘쳤다. 의지력과 야망도 강했다.

조정을 시작하고 첫 5년 동안은 빛을 발하지 못했지만, 그 자체로 재미있었기 때문에 훈련을 계속했다. 국가대표가 된다는 일은 너무나 요원했기에 꿈도 꾸지 않았다. 그러다 갑자기 내 선수 생활에 전환점이 생겼다. 코치가 내 실력을 이유로 팀에서 나가주기를 요청한 것이다.

팀에서 나오자 막막하기 그지없었지만 운이 좋게도 나를 원하는 조정 팀을 다시 만났다. 그때부터 내 안의 뭔가가 달라졌다.

나는 누군가에게서 "넌 할 수 없어"라는 말을 들으면 순순히 받아들이지 못하는 편이다. 욕심이 나를 사로잡아 "본때를 보여주지"라고 다짐하게 된다. 나는 팀원이 되기 위해 기술을 열심히 연마했다. 1976년 5월, 우리 4인조 팀은 올림픽 대표 선수로 선발되었다.

내게 그만두라고 말했던 코치에게 진심으로 감사한다. 그가 아니었으면, 내가 정말 무엇을 원하는지 진지하게 생각하지 못했을 것이다. 내 능력을 마음껏 발산하고 더욱더 노력해서 세계 정상급의 조정 선수가 될 것인가? 지금까지 달성했던 것이 내 능력의 끝인가? 사실 답은 중요하지 않았다. 그 시점에서 해야 할 일은 100퍼센트 전력을 다해 몰두할 일을 선택하는 것이었다.

1980년 모스크바 올림픽 조정 경기에 참가해서 많은 교훈을 얻었다. 최근에 당시 경기를 돌려봤는데, 지금도 기억이 생생하다. 우리 코치는 소련 팀이 가장 강력한 경쟁 상대라고 생각하고 모든 전략을 이에 맞췄다. 그들은 마지막 250미터(전체 경주 거리는 1,000미터다)에서 가장 속도가 느려졌다. 최대한 그들에게 가깝게 붙는 것, 마지막 250미터를 남겨놓는 시점에서 소련 팀과 보트 반 개 거리 이상 벌어지지 않는 것이 우리의 목표였다.

실제로 일어난 일은 우리의 예상과 사뭇 달랐다. 마지막 250미터가 남은 시점에 콕스(방향타를 조정하며 팀을 이끄는 리더)는 우리와 소련 팀 간의 거리가 보트 한 대 이상이라고 외쳤다. '이런 일이 일어나다니 믿을 수 없어'라고 생각했다. 재빨리 조치를 취해야 했다. 보트 위에 있는 사람들 모두 같은 생각을 했을 것이다. 보트의 속도가 빨라졌다. 두 번 노를 저을 시간이 남아 있을 때에는 상대를 거의 다 따라잡았다. 팀원 모두가 위기 상황에 빠르게 적응하고, 콕스의 지시에 귀를 기울였으며, 하나의 팀으로서 목표를 달성하기 위해 사력을 다했다. 우리 팀 모두 사기가 충만해서 최선을 다했고,

그 점에서 모두에게 감사한다.

이후에 코치로 일하면서, 나는 선수에게 훈련이나 경기 중에 나약해지는 것은 문제가 되지 않는다고 가르친다. 우리 모두 사람이다. 때로는 역경이 길을 가로막는다는 사실을 인정하고, 다시 더 강한 모습으로 정상으로 향할 수 있다고 믿어야 한다. 그런 태도가 중요하다. 결정적인 순간을 위해 연습하고 또 연습해야 한다. 꾸준히 정신력을 단련해야 한다. 그 능력이 승리와 패배를 결정짓는다.

애덤 크릭

2008년 베이징 올림픽 조정 금메달리스트

마이크 스프래클렌 코치가 내게 이런 질문을 던졌다. "승리하길 원하니, 애덤? 정말로?" 그의 질문이 내게는 최고의 충고였다. 질문 내용보다는 타이밍이 중요했다. 행동이 목표와 일치하지 않을 때 그는 이 질문을 던지곤 했다. 훈련에 늦거나 제대로 회복하지 못하거나 성적이 좋지 않거나 게을러졌을 때, 어김없이 이 질문이 튀어나왔다.

강력한 질문으로 솔직하게, 우리를 도발하는 인생 멘토가 필요하다. 이런 질문은 폐부를 깊게 찌르고, 목표를 향해 갈 수 있는 동기부여를 준다. 적절한 타이밍에 마땅한 지적을 받으면, 정신이 한껏 고양되고 자극을 받는다.

매 순간 충실하게 매진해야 연습의 효과가 높아진다. 마음과 영혼은 다른 곳에서 놀고 있는데 몸만 움직인다면, 그것은 제대로 된 훈련이 아니다. 혼신을 다해 집중해야 한다. 그래야 무의식중에도 습관과 기술이 몸에 확고하게 새겨진다.

현재에 집중하기 위해서 내가 자주 쓰는 방법은 스승, 코치, 혹은 수도승이 내 어깨 뒤에 서 있다고 상상하는 것이다. 지금 눈앞에 주어진 훈련 외에 다른 것을 생각하기 시작하면, 뒤에 서 있는 사람이 내게 "현재에 집중해야지!"라고 외친다. 그럼 다시 임무에 눈을 돌려 온전히 집중한다.

운동선수는 승리하기 위해 경쟁한다. 하지만 너무 이기려고 들면 좋은 성적이 나오지 않는다. 완벽한 연애 상대를 찾는 일과 비슷하다고 할까. 결과에만 너무 집중하면, 사랑하는 사람을 만나지 못하거나 비참해진다. 그 대신 좀 더 숭고한 목표, 가장 뛰어난 나 자신을 드러내겠다는 목표에 집중한다.

경쟁하다 보면, 감정, 영혼, 심리적 자질이 드러난다. 경쟁자의 존재로 인해 극단적인 동기부여를 받으면서 나의 뛰어난 성품과 나쁜 성품, 그리고 내면의 나 자신을 좀 더 알게 된다. 그러기 위해서는 경쟁하는 동안과 경기 전후 자신의 반응을 주의 깊게 살피되, 섣불리 판단을 내려선 안 된다. 행동을 관찰하고 적어놓아라. 반응을 구체적으로 적어놓으면 어디를 개선해야 할지 중요한 질문을 던질 수 있다. 코치나 스포츠 심리학자, 멘토에게 질문을 던져라. 이 문제에 대해 고심하면 훈련, 다음번 경기, 스포츠 밖의 인생에서 한결 강해진다.

처음에 올림픽이란 인생보다 거대한 무엇이라고 생각했다. 하지만 실제 경기는 평범한 생활의 일부에 가까웠다. 그저 또 다른 경쟁이었을 뿐이다. 그걸 깨닫자 극도로 예민했던 마음이 편안해졌다. 이런 안락함과 편안한 마음이 어색해서 더 겁을 먹기도 했다. 결국, 난관을 극복하기 위해 내 반응에 대한 판단을 멀리하기로 했다. 분석하는 두뇌의 명민함보다 더 위대한 지혜가 몸 안에 숨어 있다고 믿었다.

선수로 생활하면서 만들어낸 의식 덕에 올림픽 경기 당일에는 적정한 수준의 긴장을 유지했다. 긴장이 없다는 것 역시 바람직하지 않은 징조다. 최선을 다하려면 어느 정도의 긴장이 필요하다. 하지만 너무 긴장해서 부정적인 생각과 두려움이 모락모락 피어난다면, 이 또한 해롭다.

큰 경기, 경주, 테스트 당일마다 나 자신에게 계속 이렇게 되뇐다. "오늘은 특별해. 평소와 다르긴 하지만 조금 더 특별해. 오늘은 경주하는 날이야!" 경주하는 날, 좀 더 구체적으로 '올림픽' 경주를 하는 날은 그저 '특별할' 뿐이다. 경쟁하는 날에 '특별하다'는 딱지를 붙여놓으면, 미처 예상하지 못한 심리적 반응이 발생한다. 특별한 날에는 이런 예상치 못한 반응이 튀어나와야 한다.

뛰어난 팀이 되려면 여러 가지 요소가 필요하다. 하지만 실패하는 팀에는 항상 딱 한 가지 요소가 부족하다. 팀을 위한 희생 정신. 모든 팀원이 목표를 위해 혼신의 힘을 다해야 한다.

오랜 세월 동안, 장래가 촉망했던 팀이 자만심과 오만함에 무너지는 모습을 여러 번 봐왔다. 코치와 팀원이 함께해야 당신의 아이디어가 빛을 발한다. 의견이 받아들여지지 않았다면, 그대로 넘어가는 자세가 필요하다.

이기고 싶다면, 헌신해야 한다. 이 주문을 모든 팀원이 외워야 한다. 이는 능동적인 선택이며, 실천하기 쉽지 않다. 팀을 위해 자신을 희생하면 자신의 위치가 약해지기 때문이다. 또한 자신의 자아를 죽여야 한다. 통제력도 떨어진다. 다른 팀이나 외부인에게 얻은 아이디어를 순순히 놔줄 줄 알아야 한다.

팀의 철학, 목표, 결과에 나 자신을 100퍼센트 헌신하겠다고, 팀에서 자기 역할에 모든 것을 바칠 거라고 말하라. 이는 코치는 물론 팀원의 말에 귀 기울이고 신뢰를 쏟는다는 말이다. 팀 외부의 사람이 주는 의견을 경계해야 한다. 언론, 부모, 친구, 뒷전에 앉아 있는 사람들 모두 각자의 의견이 있고, 이들은 당신의 헌신을 방해한다. 모두 헌신하는 팀에 속해 있다면, 당신의 두려움은 날카롭고 진정한 화살이 되어 과녁을 맞힐 것이다.

다나 히

1988년 서울 올림픽 태권도 금메달리스트

위대한 운동선수와 금메달리스트의 차이는 마음에 달려 있다. 믿는다면 이루어진다. 정말이다. 태권도는 온몸을 던져 싸우는 격투 종목이다. 올림픽에서 태권도 금메달을 따면서, 이 이야기가 진실이라는 것을 온몸으로 체험했다.

　세 살에 가족에게 학대당하다가 버림받고, 보육원에서 자랐으며, 열다섯 살부터는 길거리에서 살아온 내가 어떻게 이런 교훈을 배웠을까? 특히 갓 성인이 되었을 무렵에는 모든 기회, 도전, 꿈에서 도망치는 사람이었는데 말이다. 당시의 나는 자존감이나 자신감이 바닥을 치고 있었다. 내 성공의 가장 큰 적은 바로 나 자신이었다. 그렇다면 어떻게 벗어난 것일까? 어떻게 180도 달라진 전환점을 만들었을까?

　내가 달라지기 시작한 것은 집중, 끈기, 준비의 중요성을 깨달았을 때부터다.

　그렇다면 과연 어디에 집중해야 할까? 결코 최종 결과에만 집중하면 안 된다. 앞으로 나가기 위해 내딛는 자그마한 발걸음에 집중하라. 그것이 당신을 다음 단계로 이끈다. 얕지만 물살이 급하고 위험한 강을 건넌다고 생각해보자. 한참 떨어져 있는 건너편을 바라보고, 위험하게 휘몰아치는 물살을 보면 즉시 발걸음을 돌리고 싶어진다. 하지만 강가를 둘러보고 첫 번째 발걸음을 디딜 돌을 찾아보자. 그 돌을 땅 근처의 물속에 집어넣는다. 첫 번째 돌을 밟은 다음 또 다른 돌을 놓고, 또 다른 디딤돌을 놓는다. 계속 집중하고 지금 당장 해야 하는 일을 차근차근 해치우다 보면 미처 알아채기도 전에 건너편에 닿아 있다. 두려움이 끼어들 틈도 없이 말이다. 사람들은 흔히 엄두가 나지 않을 만큼 목표가 높다고 생각하지만 정작 목표를 달성하려면 한 발자국의 용기가 필요할 뿐이다.

끈기에 대해서 할 말은 딱 하나뿐이다. 실패를 선택지라고 생각하지 마라. 아무리 험난하더라도 절대 포기하지 마라. 도저히 넘을 수 없는 바위가 눈앞에 있다면, 돌아갈 길을 찾으면 그만이다. 나는 올림픽을 준비하면서 심각한 부상을 입었다. 내가 입은 등 부상은 어떻게 손을 쓸 수도 없었고, 훈련은 당연히 불가능했다. 올림픽 경기가 고작 몇 주 남아 있는 상태에서 연습할 수 없다면 우승할 가능성은 희박했다. 그래서 나는 마음속으로 훈련을 시작했다. 움직임, 타이밍, 그 모든 것을 몸으로 훈련할 때처럼 마음속으로 그려봤다. 올림픽이 임박했을 즈음에는 충분히 휴식을 취했기 때문에 경기를 진행해도 무리가 없을 만큼 등이 회복되었고, 신체적으로 하지 못했던 훈련은 마음으로 전부 보충했다.

준비는 모든 노력을 하나로 묶어준다. 준비하지 않았다면 모든 노력은 산산이 흩어져버린다. 경기 당일 올림픽 스타디움에 들어서면서 느낌이 좋았다. 워밍업을 할 때에는 모든 것이 준비됐다고 느꼈다. 이날은 나를 위한 날이 될 것이라고 스스로 납득하고 있었다. 하지만 경기장으로 들어가기 직전, 갑자기 묵은 공포심이 무럭무럭 피어나 자존감을 순식간에 갉아먹었다. 하지만 여기까지 오기 위해 너무 많은 희생을 치렀다. 내게는 스피드, 힘, 여태까지 받은 훈련이 있었다. 나는 지금 바로 이 순간을 위해 모든 것을 해왔다. 그러자 불현듯 이런 생각이 떠올랐다. "여봐, 준비됐다고. 난 충분히 뛰어나!" 그렇게 두려움을 떨쳐버리고, 경기장에 들어서기 위해 마지막 발걸음을 뗐다. 충분히 준비했다는 자신감이 없었더라면 그 순간 휘청거렸을 것이다.

젊었을 때 나는 모든 기회, 도전, 꿈에서 도망쳤고 내 인생은 실패했다고 믿었다. 하지만 올림픽 경기 이후 나는 뛰어난 스턴트우먼이 되었고, 동기부여 강사로 일했으며, 실패하더라도 이길 수 있다는 사실을 배울 만큼 성숙했다. 두려움, 장애, 걸림돌에도 불구하고 원하는 것을 해내는 용기를 가졌다면, 만족감과 긍지를 마음속 깊은 곳에서 느낄 수밖에 없다. 그 어떤 것도 그런 마음을 앗아가지 못한다.

그 어떤 위대한 일도 해낼 수 있다. 한 번에 한 걸음씩.

닉 하이송

2000년 시드니 올림픽 장대높이뛰기 금메달리스트

운동선수로 커리어를 밟으면서 꽤 많은 부상을 입었다. 그런데 나는 오히려 수많은 부상 덕분에 집중할 좋은 기회를 얻었다. 익숙하지 않은 방식으로 재활 훈련을 하다 보면 많은 것을 생각하게 된다. 게다가 부상은 자신의 취약점을 여실하게 보여준다. 발목이나 무릎 부상은 몸의 안정성이 부족해서 생긴다. 그래서 발목이나 무릎을 치료하려면 이 점을 반드시 짚고 넘어가야 신체가 더 강해진다.

1998년 시즌 중에 발목 수술을 받고 8주 동안 깁스를 해야 했다. 그 기간 동안 재활 훈련도 열심히 했지만, 장대를 휘두르는 동작 훈련을 병행했다. 매일 바(높이뛰기에서 뛰어넘어야 하는 기준선에 맞춰 올려놓는 막대)를 조금씩 높였다. 부상을 당한 뒤에 나선 첫 번째 경기에서 나는 쉽게 5미터60을 넘었다. 그리고 이후 8년 동안 부상 전에 비해 약 30센티미터를 더 높였다. 예전에는 5미터40을 넘기곤 했었는데, 평균 5미터60에서 5미터70까지 성적이 향상된 것이다. 또한 올림픽 금메달과 세계 챔피언십 동메달도 땄다. 내게 발목 부상은 분명 부상을 가장한 축복이었다.

나는 요즘 선수들에게 이렇게 말해준다. 기록을 내고 목적을 달성하기 위해 연습하는 것은 산을 오르는 것과 같다고 말이다. 등산을 하면 완만한 구릉과 가파른 경사, 절벽 등 온갖 길을 만나지만 모든 길이 정상으로 향하지는 않는다. 어느 곳에서는 아래로 향하거나 뚝 떨어지다가 다시 올라간다. 산길에서 아래로 내려가는 길은 부상과 질병처럼 훈련하다 만나는 장애물과 같다. 운동선수가 묵묵히 그 길을 따라 앞으로 간다면, 최고의 자신이 되는 데 필요한 일을 하는 셈이다. 길이 설사 아래로 향하고 있더라도 자신이 정상에 가까워진다는 생각으로 목표에 집중해야 한다.

걱정과 동정은 앞으로 나아가는 데 도움이 되지 않는다. 아래로 가고 있다는 사실에 너무 정신을 쏟지 말아야 한다. 초조해지겠지만 그 우려에서 더욱더 결의를 다져야 한다. 아파서 훈련할 수 없다면, 그 문제로 인해 우울할 수도 있다. 하지만 그래서는 회복 기간만 길어질 뿐이다. 우울해지는 대신 더 빨리 회복하기 위해 노력하라. 굴하지 않고 길을 가는 것이다.

필 마흐레

1984년 사라예보 동계 올림픽 알파인 스키 금메달리스트

1968년 프랑스 그르노블에서 개최된 동계 올림픽에서 프랑스의 장-클로드 킬리가 금메달 3관왕이 되는 모습을 시청하고 있을 때, 나와 내 쌍둥이 형제 스티브는 열 살이었다. 우리는 킬리의 엄청난 업적에 흥분했고, 그때부터 1976년 오스트리아에서 개최되는 올림 픽 경기에 국가대표로 참여하고 싶다는 꿈을 키우기 시작했다.

5년이 지난 1973년 봄, 나는 미국 스키 팀 국가대표로 선발되었고, 꿈이 현실로 이뤄지는 탄탄대로가 이어지리라고 생각했다. 하지만 최고의 계획은 항상 뜻대로 이루어지지 않는다. 그해 11월, 처음으로 국제 대회에 출전하기 위해 유럽으로 향하기 바로 전날, 오른쪽 다리가 부러졌다. 1974년 스키 시즌을 뛰지 못하면 꿈을 이루기 어려울 것이었다. 하지만 나는 단 한순간도 1976년 올림픽 팀에 들어가겠다는 야망을 꺾지 않았다.

불행하게도, 신에게는 다른 계획이 있었다. 아마 내가 정신적으로 충분히 강하지 않아서 정신력을 키우는 시간이 필요하다고 보신 것 같다. 9개월 후 나는 또다시 골절상을 입었고, 1975년 시즌

대부분이 날아가버렸다. 올림픽은 1976년 2월 개최 예정이었고, 국가대표가 되려면 1975년 12월과 1976년 1월 국제 대회에 나가야 했다. 고작 두 달밖에 주어지지 않은 것이다. 그래도 강인한 결단력과 집중력 덕에 대표팀에 속할 만큼 우수한 성적을 냈고, 대회전 종목(비탈진 코스의 중간중간 세운 30개 이상의 깃대를 통과하면서 활강하는 스키 경기)에서 5위를 기록했다.

그 결과, 나는 새로운 목표를 위해 박차를 가했다. 1980년 레이크 플래시드 올림픽이 새로운 목표가 되었다. 이후 세 번의 시즌을 거치면서 결단력과 집중력을 그대로 유지했고, 매번 경기장을 떠날 때마다 더 강력한 도전자가 되었으며, 승리하고 성공했다. 하지만 1979년 3월 다시 다리를 다치면서 운명의 여신은 한 번 더 나를 시험대에 올려놓았다. 올림픽 게임이 열리기 겨우 11개월 전의 일이다. 네 시간 30분에 달하는 수술이 진행되었고, 발목에 일곱 개의 나사와 5센티미터짜리 철판을 심었다. 모든 뼈를 지탱하기 위해서였다. 절망적인 상황이 전혀 낯설지 않았기에 경기에 나가겠다는 나의 목표는 사그라지지 않았다. 신체가 다 회복되지 않은 상태에서 정신력으로 버텨서 은메달을 땄다. 이제 내게 다시 질문을 던져야 할 때가 왔다. "또 다른 4년의 여정을 계획할 거야? 내가 과연 경쟁력이 있을까?" 답은 뻔했다. "왜 못해?"

1984년 유고슬라비아 사라예보 올림픽은 금메달을 위한 마지막 기회였다. 여태까지 걸어온 인생을 통해, 메달을 따는 일이 얼마나 어려운지 잘 알고 있었다. 금메달은 두말할 것도 없이 말이다. 건강, 몸 상태, 그리고 가장 중요한 정신력, 집중력, 그 모든 것이 제자리에 있어야 했다. 처음으로 경기 전 부상 없이 참가하는 올림픽 경기였다. 두 번의 경주를 큰 탈 없이 치렀고 그중 한 번에서는 실수가 하나도 없었다. 금메달을 따기에는 충분한 성적이었다.

내가 했던 경기들, 승리와 실패, 그리고 무엇보다 그 여정을 돌아볼 때마다 크나큰 애착을 느낀다. 운동선수로 살아가며 인생의 교훈을 배웠다. 꿈을 꿔라. 큰 꿈을 꿔라.

내털리 쿡
2000년 시드니 올림픽 비치발리볼 금메달리스트

나의 할아버지는 내게 꿈은 크게 꿔야 하고, 자신이 원하는 것을 확실히 말할 수 있어야 하며, 앞으로 나아가 원하는 것을 쟁취해야 한다고 이야기했다. 나는 여덟 살에 그 말을 실천에 옮겼다. 올림픽 경기에 나가 금메달을 따고 싶다고 선언한 것이다. 어떻게 금메달을 딸지, 무슨 종목에 나갈지는 몰랐다. 그저 1982년 코먼웰스 게임(4년마다 개최되는 영국 연방 국가들 간의 종합 스포츠 대회)에서 금메달을 딴 호주 선수를 보고 영감을 받았을 뿐이다.

'불가능해 보이는' 목표를 설정하고 나면, 이를 곱게 접어 봉투에 넣어두거나 아무도 볼 수 없는 꿈 목록에 적어둔 채로 끝나서는 안 된다. 성공하지 못했을 때 자신이 실패자로 보일까 봐 두려워서 많은 이들이 자신의 꿈을 숨긴다. 무엇을 원하는지 결정했다면, 확신을 갖고 최대한 많은 사람에게 말해야 한다. 2000년 시드니 올림픽이 개최되기 2년 전부터 나는 금메달리스트가 되겠다고 말하고 다녔다. 그 정도의 확신으로 여기저기 말해두면, 자신부터 이미 금메달리스트가 된 것처럼 걷고, 이야기하고, 행동하게 되고, 주위 사람들도 역시 당신을 응원하기 시작한다. 당신조차 상상하지 못했던 방식으로 말이다.

물론 당신이 해낼 수 없다고 말하는 사람도 있고, 심지어 비웃음 당할 수도 있다. 그런 사람은 무시하고 앞으로 나아가야 한다. 혹은 그런 사람과 어울리지 않겠다고 결심할 수도 있다. 친구, 가족, 동료더라도 당신을 지지하지 않는다면, 그들과 인연을 끊어야 한다. 그러지 않으면 그 관계가 당신의 여정 내내 짐이 된다.

처음에는 나 역시 금메달을 따겠다고 말하는 것을 두려워했다. 동료 선수 중 몇몇은 내게 왜 그런 말을 하고 다니는지 질책했고, 그런 말을 듣는 것이 당혹스럽다고 했다. 순순히 그 말을 받아들였지만, 하루하루 지날수록 금메달을 따겠다는 생각은 강해져갔고, 이내 내 생활의 모든 것이 금으로 뒤덮였다. 금색 토스터, 금색 선글라스, 금색 손목시계, 금색 자동차, 금색 비누, 금색 침대 시트, 금색 반바지. 모든 것이 금색이었다. 금색 물건을 볼 때마다 마치 자석처럼 끌려서 그 앞에서 서성이곤 했다. 이런 행동은 내 무의식 속에 강력한 메시지를 전달했다. 내게는 금메달 말고 다른 선택이 없었다.

만일 2등을 하면 어쩔 거냐고 종종 질문을 받았다. 그럴 때면 은메달을 금으로 칠해버리겠다고 답했다. 사실 이건 금메달의 문제가 아니다. 금메달에 걸맞은 삶을 사는 것이 중요하다. 메달은 지구상에서 가장 거대한 스포츠 이벤트가 열리는 어느 날에 마지막 테스트를 통과하고, 그동안의 노력에 대한 대가로 받는 상징이다. 하지만 정작 나는 그 길을 걸으면서 매일 보상을 받았다. 그 자리로

가는 여정 자체가 금으로 되어 있었다. 인생이 금으로 뒤덮이도록 하기 위해 오늘 무엇을 시작할 것인가?

일이 잘될 때는 무엇이든 쉽다. 하지만 일이 평탄하게 흘러가지 않을 때, 가장 낮은 곳에 있을 때, 지금 실행하고 있는 전략이 정상의 자리에 나를 되돌려 놓으리라는 것을 알아야 한다. 종종 다른 사람의 지지가 중요한 역할을 한다. 자신의 사람을 주위에 두고, 필요할 때 도움을 청하라. 흔히들 도움을 구하는 게 나약한 모습이라고 믿는데, 이는 잘못된 믿음이다. 우리는 이를 협동이라고 부른다. 누군가와 팀을 짜면, 나를 짓누르는 무게가 가벼워지고, 서로 도움을 주고받을 수 있다. 파트너, 동료, 혹은 다른 조직 등 인생을 살아가면서 손을 잡고 함께 갈 존재를 찾아야 한다. 그러면 좀 더 나은 세상이 된다.

글렌로이 길버트

1996년 애틀랜타 올림픽 육상 금메달리스트

스포츠는 인생과 같다. 선수일 때 얻은 교훈은 매일의 삶에 새겨졌고, 이로써 내가 더 이타적이고 나은 사람이 되었다고 생각한다. 훈육을 거치면서 끈기를 익혔다. 동시에 위대한 팀원이 되었고, 마지막 목표는 물론 그 길을 가면서 밟는 한 단계 한 단계를 소중히 하는 법도 배웠다. 운동선수이자 한 사람으로서 이런 교훈은 더할 나위 없이 값지다.

나는 경쟁이란 측면 때문에 스포츠에 관심을 갖게 되었다. 다른 사람을 상대로 나 자신을 시험하는 것이 마음에 들었다. 하지만 육상 선수가 되겠다고 마음먹은 지 오래되지 않아, 재능이 나보다 뛰어난 사람이 항상 존재한다는 사실을 깨달았다. 이들을 상대로 경쟁하겠다고 마음먹으면 실망만 하게 된다. 그래서 누구를 이기겠다고 생각하는 대신, 내가 해낼 수 있거나 해내려는 목표를 잡기 시작했다. 타인을 상대로 경쟁하는 것에서 벗어나 내 재능을 사용해서 어디까지 해낼 수 있는지 가늠하는 일은 완전히 다른 경험이다.

재능이 가장 중요하다는 말이 아니다. 성공하기 위해 무엇이 중요한지 따져보자면, 노력이 70퍼센트, 재능이 나머지 30퍼센트다. 나는 재능이 뛰어난 편은 아니다. 그저 언제 멈춰야 할지 모르는 사람에 가깝다. 그러다 보니 매번 가진 모든 것을 끄집어낸다. 내 경우에는 재능보다는 노력이 더 컸다고 단언할 수 있다.

성공을 위한 정공법은 없다고 생각한다. 시상대에 올라가려면 대부분의 사람이 필요하다고 생각하는 요소를 가지면 된다. 노력, 전념, 끈기. 그것뿐이다. 하지만 나는 행운이라는 가장 중요한 요소가 하나 더 있다고 생각한다.

운동선수로 살면서 나는 많은 기회를 잡았다. 1994년 릴레함메르 동계 올림픽에서 봅슬레이를 탔을 때, 그 어떤 일도 일어날 수 있었다. 여러 번 부딪치기도 했다. 당시 나는 육상 경기에 전념하고 있었지만, 다른 기회를 마다하지 않았다. 그리고 그런 태도가 먹혔다는 점에서 운이 좋았다.

봅슬레이를 시작한 주요 이유는 육상 경기에만 전념하면서 지쳤기 때문이었다. 한계에 부딪혀 괴로워했고, 심드렁해지기 시작했다. 기록이 향상되지 않았다. 겨울 동안 봅슬레이를 하면 신체가 좀더 강해지고, 100미터 달리기에서 가속이 필요한 처음 40~50미터 구간에 적합한 체력을 갖게 되리라 생각했다. 그래서 봅슬레이를 시작했다.

운 좋게도 원한 대로 이루어졌다. 다음 해 여름, 100미터 경기에서 내 최고 기록을 경신했다. 봅슬레이 덕분이었다. 나는 위험한 선택을 했고, 사람들은 한 시즌을 봅슬레이 때문에 허비하면, 육상 트랙으로 돌아올 수 없을 것이라고 생각했다. 하지만 오히려 육상 경기의 단조로움을 깨는 경험이 도움이 되었다. 육체적인 측면뿐 아니라 정신적인 측면에서도 말이다. 육상으로 돌아오자, 에너지가 샘솟고 집중력이 높아졌다. 그 덕에 오랫동안 선수 생활을 할 수 있었다고 믿는다.

시시때때로 새로운 일을 시도했고, 트랙에 돌아올 때마다 한층 집중력이 좋아졌다. 1996년 봄에는 샌프란시스코 포티나이너스 야구팀과 함께 일해보자는 제안을 받았다. 공을 받다가 손이 찢어지는 바람에 금방 끝났지만 말이다.

결과를 살펴보면, 항상 뭔가에 굶주려 있고 집중하는 태도가 내 선수 커리어에 큰 도움이 되었다. 그때의 교훈을 잘 살려서 코치가 된 지금은 선수들에게 육체적인 측면은 물론 정신적인 측면에서 회복하는 시간을 가지라고 권한다. 엄청나게 열정적이고 항상 자신을 몰아붙이는 운동선수들은 잘 설득당하지 않는다. 하지만 운동선수로서의 목표를 좇는다면 큰 그림을 봐야 한다. 주 종목이 100미터 달리기라고 하더라도, 커리어는 스프린트가 아니라 마라톤에서 쌓을 수도 있다. 그 과정을 즐길 줄 알아야 한다.

1996년 애틀랜타 올림픽에서 금메달을 획득하며 내 운동선수 커리어에 정점을 찍었다. 내게 그 경기는 일종의 성년식이었다. 나 자신은 물론 릴레이팀 전원에게 말이다. 우리의 여정은 올림픽 금메달로 마무리 되었지만, 그 시작은 1992년이었고, 4년이라는 기간 동안 우리는 천천히 바뀌었다. 근사한 릴레이 경주도 했지만, 꽤 많은 절망도 경험했다. 그 기간을 끈기 있게 버텼고, 그 덕택에 애틀랜타에서 금메달을 따냈다.

운동선수로 커리어를 쌓으면서 얻은 가장 큰 교훈은 바로 이것이다. 개인적인 승리보다 더 위대한 무엇인가를 쌓아 올리는 것은 한순간의 사건이 아니다. 여러 순간이 모여서 이뤄낸 업적이다.

운동선수들이 위대한 업적을 이뤄내기 위해 정신적으로 어떻게 접근했는지 살펴봤다. 스포츠만이 아니라 인생 전반에 걸쳐서 어떻게 성과를 내야 하는지, 어떻게 해야 올림픽 대표 선수 못지않게 치열하게 살 수 있는지 많은 것을 들여다보았다. 값진 회상 하나하나를 곰곰이 뜯어 살펴보자. 금메달리스트들의 경험이 지금 당신이 겪고 있는 경험과 어떻게 비슷한가? 이들이 내린 결정에서 무엇을 배울 수 있는가?

단순히 뛰어난 수준을 넘어 금메달리스트가 되는 길에서 어디까지 와 있는가? 던컨 암스트롱처럼 보상에 집중할 것인가? 닉 하이송이나 필 마흐레처럼 부상에서 회복해서 경기장에서 제 모습을 찾기 위해 긍정적이고 끈기 있는 마음가짐을 갖겠는가? 다나 히처럼 고난의 연속에도 강인한 모습을 유지하겠는가? 우리 모두 챔피언처럼 생각하고, 느낄 수 있다. 올림픽 금메달리스트들의 교훈을 마음에 새기고 당신의 경기에 녹여라.

그저 최선을 다할 뿐이다. 내일은 중요하지 않다.
오늘 무엇을 했느냐가 중요하다.
— 마이클 펠프스

Part 3

챔피언의 루틴

압도적으로 승리하는
사람들의 습관

06

THE CHAMPION'S MIND

더 강해지기 위해
놓치지 말아야 할 것들

훈련을 계속하고, 균형 잡힌 식단을 지키고, 고통을 조절하고, 부상을 극복하고 재기하는 것은 좋은 성과를 내기 위해 꼭 필요한 것이다. 그러나 대부분은 이 과정의 중요성을 간과한다. 이번 장에서는 이런 필수 요소들을 이해하고 깨닫는 방법을 소개한다. 또한 각각의 주제에 대한 실용적인 전략도 함께 다루어 좀 더 구체적인 계획을 세우는 데 도움이 되고자 한다.

루틴의 힘을 믿어라

> 제대로 준비하지 않는 것은 실패하기 위해 준비하는 것과 같다.
>
> — 벤자민 프랭클린(정치인)

미국 야구의 전설 행크 애런은 이렇게 말했다. "전투하기 위해 어떻게 준비하는지가 제일 중요하다." 경기 전 루틴은 경기가 있는 날이라면 으레 따라야 하는 행동으로, 그 내용은 이미 머릿속에 박혀 있다. 이를 활용하면 경기가 시작되는 순간 정신적, 육체적으로 싸울 준비가 된다(너무 늦게, 혹은 너무 빨리 경기 모드가 되지 않는 것이 중요하다). 간단하지만 마음의 의지가 되는 루틴을 만들면 남들보다 한발 앞서 경쟁할 수 있다. 루틴은 어느 정도의 확신과 예측에 도움을 주어 PCS를 줄여준다. 경기 전 신드롬을 뜻하는 PCS는 평소보다 더 긴장하거나 흥분하고 초조해지는 증상으로 나타나는데, 대부분의 선수가 경기 전 PCS를 경험한다.

루틴을 효과적으로 사용하면 몸과 마음이 하나가 된다. 불필요하게 신경 써야 하는 일을 막아주기도 한다. 남이 던지는 생각 없는 충고나 당신의 멘탈을 흔들기 위해 경쟁자가 툭 던지는 날이 선 말들로부터 나를 보호해준다. 경기 전에는 자신과 관계없는 것을 깨끗이 무시할 줄 알아야 한다. 어떤 선수는 자신이 좋아하는 음악을 들으면서 세상의 소음을 차단하기도 하고, 어떤 사람은 눈을 감고 계획대로 경기하는 자신의 모습을 그려보기도 한다.

경기가 시작되기 전에는 멘탈 관리를 어떻게 하는가? 자신만의 경기 전 전략을 세워보자. 가장 성적이 뛰어났던 때와 가장 나빴던 때, 당신이 어떤 생각을 하고, 느끼고, 준비했는지 생각해보라. 이 두 가지 경우는 어떤 점이 비슷하고 어떤 점이 달랐을까? 경기의 상반된 결과는 우연히, 혹은 마구잡이로 나오지 않는다. 경기 직전 당신이 한 행동에 따라 그 결과가 좌우된다. 코치나 팀원에게서 피드백을 구해보는 것도 좋은 방법이다.

그렇다면, 경기 전에는 무엇을 해야 할까? 아래 질문에 답해보자.

- 좋아하는 노래를 듣는가?
- 몇 분 동안 최고의 경기 실적을 그려보는가?
- 마음을 고요히 하기 위해 천천히, 깊은 심호흡을 하는가?
- 팀원과 왁자지껄하게 어울리는가, 자신만의 세계로 들어가는가?
- 기분 좋은 상태를 유지하기 위해 부정적인 사람과의 접촉을 꺼리는가?

좋지 않은 패턴을 최고의 패턴으로 바꾸려면, 경기 전에 정신과 육체가 어떤 경향을 보이는지 면밀히 파악하라. 뛰어난 성적을 거뒀을 때 무엇이 도움되었는가? 무엇 때문에 부족한 성적을 거두었는가? 무엇이 있으면 시선을 딴 데 팔지 않게 되는가? 그날 경기의 중요성이 사전 준비에 영향을 주는가? 또한 경기 중이나 경기 후 패턴은 어떤가? 경기가 한창 진행 중일 때도 흔들리지 않고 중심을 잡는가 아니면 무너지는가? 복잡한 감정들을 깔끔하게 정리할 수 있는가?

본인의 성향을 판단한 다음에는 더 뛰어난 성적을 거두기 위해 정신적으로 무엇을 해야 하는지 공격 플랜을 짠다. 루틴이 있으면, 경기에 적합한 마음과 기분으로 출발선에 설 수 있다. 경기할 때마다 루틴을 계속 반복하면, 시즌 내내 좀 더 꾸준하고 안정감 있게 경기를 하게 된다.

경기 준비 루틴을 만들면서 (특히 경기 전 한두 시간 전에 하는 루틴이 중요하다) 신체 능력을 온전히 발휘하기 위해 어떻게 생각과 감정을 움직일지 결정하자. 경기 직전에 훈련할 때 으레 하던 신체 워밍업을 하는 것만으로도 걱정을 날려버리고 누군가 특정 기술을 트집 잡는 일도 피할 수 있다. 그날 순조롭게 진행되어야 하는 일에만 집중하게 된다.

가장 뛰어난 성적을 거두기 위해 효과가 가장 좋은 행동을 해라. 한 체조 특기생은 경기장에서 춤을 추거나 팀원과 어울리면 좋은 성적이 나온다는 사실을 발견했다. 혼자 조용한 시간을 보낼 때보다 결과가 좋았다. 은퇴한 헤비급 종합격투기 선수인 표도르 에멜리아넨코는 시합 전이면 로커룸에서 훈련팀과 함께 카드 게임을 하면서 긴장을 풀었다.

어떤 선수는 안타깝게도 루틴이 가장 필요한 순간에 루틴을 잊어버린다. 경쟁할 때마다 반드시 루틴을 지키려는 습관을 들여라. 경기가 얼마나 중요하건, 어떤 강력한 경쟁자를 만나건 달라져선 안 된다. 하지만 경기 시작 시간이 늦어지거나 예상보다 늦게 도착한 경우에는 루틴을 상황에 맞게 수정할 줄도 알아야 한다. 루틴의 특정 부분이 효과가 없어지거나, 더 효과적인 방식을 발견하면 이에 따라 루틴을 고쳐라. 미리 테스트해서 얼마나 효과적인지 평가해보는 것도 잊지 말자.

캐나다의 더프 깁슨은 2006년 토리노 동계 올림픽 스켈레톤 금메달리스트로, 경기 전에 어떻게 마음의 준비를 하는지 자신의 경험을 이야기해주었다.

"경기 전에 따르는 루틴은 수년간 다듬어온 것이죠. 하지만 당장의 신체적, 정신적 상태, 주위 환경을 고려해서 언제든 수정할 수 있어요. 루틴이 너무 고정적이면 좋지 않아요. 일정에 변화가 생기거나 미처 예상하지 못한 상황에 부딪혔을 때 게임을 망칠 수 있거든요. 음악은 잘 듣지 않아요. 조용한 걸 선호하는 편이죠. 워밍업을 하면서 나 자신을 온전히 인식하죠. 현재의 에너지 레벨을 잘 조율해서 근육과 신경 시스템이 균형을 잡도록 합니다. 너무 무리하지 않도록 주의하면서요. 또한 특정 근육이 너무 긴장하지 않았는지, 몸에 다른 문제는 없는지를 체크해요."

경기 후에 당신은 어떤 일을 하는가? 경쟁이 끝나면, 스트레칭을 하고 회복용 음식을 섭취하며, 적정한 양의 물을 마셔라. 그리고 경기 중에 어떤 것을 잘했는지 이야기를 나누며 되도록 긍정적인 면을 생각해라. 잘못한 점은 그날 저녁, 혹은 그다음 날에 복기해라.

챔피언 일기를 적으면서 경기를 분석하고, 어떤 것을 더 잘할 수 있었는지 떠올려보자.

운동선수의 징크스에 대해 들어본 적이 있을 것이다. 대부분의 선수는 동전, 팔찌, 옷가지 같은 행운의 아이템이나 징크스를 하나씩 갖고 있다. 이런 개인적 물건을 활용하면 자신에게 집중하고, 결과에 대한 불안에서 벗어나게 된다. 더불어 훌륭한 루틴과 함께 사용한다면, 긍정적인 신호를 주면서 선량한 늑대가 승리를 거두도록 도와준다.

미국의 체조 선수 다넬 레이바는 경쟁할 때 항상 '행운의 타월'을 들고 다니는 것으로 유명하다. 레이바는 세트 사이에 신경을 다른 곳에 쓰지 않도록 머리에 타월을 쓰고 푹 늘어뜨린다. 같이 경쟁하는 선수들에게 다행스럽게도 그는 타월을 항상 깨끗하게 유지한다. 레이바는 "깨끗하게 관리해요. 땀투성이거나 고약한 냄새가 나지는 않아요"라고 농담한 적이 있다.

하지만 물건이나 의식에 너무 몰두해 오히려 관심을 뺏겨서는 안 된다. 이런 일이 발생하는 것은 불안감이 미친 듯이 날뛰기 때문이다. 이런 때에는 걱정과 스트레스가 발생하는 근본적인 원인을 제대로 짚어야 한다. 물론 우수한 성적을 거두기 위해 징크스나 물건이 꼭 필요한 것도 아니다. 뉴욕 양키스의 전설 베이브 루스는 징크스에 대해 이렇게 말했다. "내게는 징크스가 딱 하나 있어요. 홈런을 치면 모든 베이스를 밟는 거죠."

몸과 마음을 최상의 상태로 유지하라

> 일단 출석하면 80퍼센트는 성공한 셈이다.
>
> ─ 우디 앨런(영화감독)

운동은 건강을 지키는 것 이상의 효과가 있다. 다양한 연구 결과만 봐도, 운동은 정신 건강에 긍정적인 영향을 미친다. 어떤 종류의 활동이든 안 하는 것보다 낫다. 사람은 기본적으로 운동하는 몸으로 태어났다. 사람의 몸은 움직이라고 만들어졌다!

주말에만 운동하는 사람이건 프로 운동선수건, 몸을 만들기 위해 효과적인 전략을 만들고 유지하는 것이 중요하다. 항상 경기 시즌 때와 같은 태도를 유지하고 경기장 밖에 있을 때에도 자신에게 신경을 쓰고 몸을 관리해야 한다. 특히 운동을 직업으로 삼고 있다면, 항상 운동 계획과 식단을 지켜서 1년 내내 최상의 몸 상태를 유지해야 한다.

마이클 보일은 흥미로운 자료를 보여준다. 그는 지구력과 컨디셔닝(특정한 운동 활동에서의 기술 향상을 위해 영양 섭취, 휴식, 긴장 완화, 수면, 운동 일정 따위를 관리하며 체력을 조절하는 활동) 분야의 탁월한 전문가다. 그는 마음과 근육을 활용해서 번아웃을 예방하고 승리를 거두는 요령을 알려주었는데, 특히 천천히 꾸준하게 장기간에 걸쳐 배우는 것을 강조했다.

"흔히 꾸준히 하기가 어렵다고들 생각하지만 그건 잘못된 인식이에요. 말하자면, 거북이와 토끼의 경주라고나 할까요. 꾸준히 하면 이길 수 있어요. 천천히 훈련하라는 말이 아닙니다. 차분하게 진도를 나가란 뜻이죠. 생각해보세요. 벤치 프레스를 하면 첫 번째 주에 20킬로그램 들기를 열 번 반복해요. 그리고 1년 동안 매주 2킬로그램씩 더하면 어떻게 될까요? 양쪽에 1킬로그램씩 더하는 거죠. 한 주도 빼먹지 않으면 124킬로그램을 열 번씩 들게 되죠. 물론, 이건 불가능해요. 어느 지점에 도달하면 더 이상 들지 못할 겁니다. 그러나 대부분이 몇 주도 채 지나지 않아 정체기에 들어가요. 너무 서둘러서 그래요."

꾸준히 운동하며 건강한 몸과 마음을 유지하는 것. 운동선수뿐만 아니라 누구에게나 꼭 필요한 삶의 기술이 아닐까. 아래는 일상에 운동하는 습관을 정착시킬 수 있는 방법들이다. 이 원칙을 잘 적용하여 자신에게 안성맞춤인 운동 계획을 세워보자.

목적을 끊임없이 되새기며 훈련한다. 자신이 훈련하는 이유와 목적을 분명하게 인식하고 행동하라. 연습할 때마다 약간의 에너지와 열정을 조금씩 더 쌓아가라. 그러면서 자신이 뭐라도 된 것처럼 거만하게 굴지 않게 된다. 매일 열심히, 동시에 요령 있게 운동해서 자신의 목표를 달성하고 그날의 승리를 얻어내야 한다. 재능이 있는데도 열심히 하지 않는다면, 누군가의 꾸준함이 당신의 재능을 이길 것이다.

다양한 방식으로 승리를 거둔다. 하나의 방법을 고수하기보다는 여러 가지 방법으로 훈련하면 몸이 부드러워지고 동기부여 수준도 높아진다. 어떻게 하면 훈련이 재미있고 참신하게 느껴질까? 종합 격투기, 케틀벨 운동, 장애물이나 낙하산 훈련(공기 저항을 극대화하여 운동 효과를 높이는 훈련), 메디신 볼(운동용으로 던지고 받는 무겁고 큰 공)을 활용한 윗몸일으키기 등등 새로운 시도를 해보자. 훈련의 종류가 다양해지면 운동이 즐거워지고 효과도 높아질 것이다.

시간이 없다는 핑계를 대지 않는다. 규칙적으로 운동하지 않는 사람은 늘 시간이 없다는 핑계를 댄다. 모든 사람에게는 매주 168시간이 동일하게 주어진다. 제대로 운동할 시간이 있다는 뜻이다. 아무리 해도 짬이 안 난다면 새벽에나 밤에라도 짧게 운동하면 된다. 아무것도 하지 않는 것보다는 잠깐이라도 하는 편이 낫다.

도움을 주고 격려하는 파트너를 찾는다. 운동 파트너가 있으면 계획적으로 운동하기가 훨씬 수월해진다. 운동장 트랙, 수영장, 헬스장에서 정해진 날, 정해진 시간에 만나자고 약속하라. 운동하면서 서로를 이끌어주자. 약속을 정해놓으면 당신이 나타나기를 기다리는 파트너 덕분에 운동을 빼먹지 않게 된다. 두 사람 모두 일정에 운동을 집어넣어라. 그날 어떤 일이 있건, 파트너와 함께 운동하는 시간을 우선순위에 놓아라.

훈련을 해낼 수 있는 크기로 조각낸다. 훈련에 대한 부담이 줄어들면 시작하기도 전에 겁먹지 않게 된다. 조각조각마다 집중하고, 그 부분만 끝낸다고 생각하라. 운동을 시작하며 나머지를 어떻게 끝낼지 걱정할 필요가 없다. 이는 경기를 할 때도 똑같이 적용된다. 예를 들어, 42킬로미터 마라톤을 16킬로미터짜리 두 구간을 뛰고 마지막으로 10킬로미터를 뛴다고 생각해보는 것이다. 5킬로미터 완주를 목표로 하는 달리기 초보라면, 1.6킬로미터 구간을 세 번 달린다고 생각해보자.

훈련 일지와 달력에 기록을 남긴다. 한 달간 운동한 횟수를 기록하라. 계획한 대로 운동을 끝내면, 훈련 일지 혹은 달력에 황금색으로 표시하자. 자신이 얼마나 꾸준히 했는지 보여주는 표식이 되는 것은 물론 앞으로도 계속 목표를 향해 나아갈 수 있도록 하는 자극제가 된다. 주 단위로 계획을 짜는 것을 추천한다.

동기부여 주문을 외운다. "노력할 거야", "아마 할 수 있을 거야"라는 말을 "해야지!", "난 할 거야!"로 바꾸면 행동도 달라진다. 아무리 열심히 동기부여를 해도 사람의 마음은 흔들리기 마련이다. 하지만 일단 행동으로 옮기는 습관이 익숙해지면, 유혹에 빠질 수 있다는 사실은 크게 중요하지 않다. 그러니 항상 동기부여를 받은 것처럼 움직여라. 한 걸음 더 내디디고, 정신적 혹은 육체적 저항이 생기더라도 이를 넘어서라. 온전한 동기부여는 운동을 시작하기 전이 아니라 운동하는 그 순간에 모습을 드러낸다.

자신을 챔피언이라고 여겨라. 꾸준하게 훈련하면 에너지가 올라오고, 자신을 대견하다고 생각하게 된다. 트랙, 수영장, 헬스장에 들어가서 엔도르핀이 솟아오르는 느낌을 즐겨라. 경험 자체를 누려라. 금메달만큼이나 뿌듯한 기분을 느낄 것이다. 꾸준하게 운동하는 것보다 좋은 선물은 없다. 몸은 물론 마음도 혜택을 입기 때문이다. 몸에 완전히 익을 때까지 꾸준하게 하는 것만이 정답이다.

마음이 건강해지는 식습관

> 현명한 사람은 건강이 최대의 축복이라고 생각한다.
> 음식이 최고의 보약이다.
> — 히포크라테스

영양을 고루 섭취하는 것은 매우 중요하다. "당신의 신체는 신전과도 같으니, 신전답게 다루어야 한다"라는 말을 곰곰이 되씹어보라. 신전을 소중히 돌보라. 신전이 당신을 살펴줄 것이다. 배고프고 목마른 상태에서 훈련에 집중하는 사람은 별로 없다.

스포츠영양국제학회의 CEO인 호세 안토니오는 운동선수들을 위한 영양에 대한 강연에서 이렇게 이야기했다.

"적정한 운동 프로그램을 수행하고 적절한 영양분과 보충제를 섭취하면, 몸도 좋아지고 운동 성적도 올라갑니다. 선수라면 영양에 관한 한 '완벽'이 아니라 '진도'에 집중해야 합니다. 지방이 적은 고기와 건강에 좋은 지방, 가공하지 않은 탄수화물을 먹는 게 중요하죠. 또한 크레아틴(근육 수축의 에너지원을 구성하는 요소), 베타알라닌(자연 아미노산), 단백질 보충제를 잘 활용하면 운동 효과를 극대화할 수 있습니다."

많은 선수가 몸속에 무엇을 집어넣고 있는지 크게 생각하지 않고 몇 주 동안 똑같은 음식을 먹는다. 영양분을 어떻게 섭취할지 신중하게 고민하길 바란다. 훈련을 위해서 먹어야 하는 것도 있지만 즐겁게 먹는 것 또한 중요하다. 어떤 선수는 균형 잡힌 식사를 하면서도 마치 기계처럼 씹어 넘기기만 한다. 음식을 제대로 맛보지 않는 것이다. 대부분이 너무 고된 하루에 지쳐 그저 허기를 채우기 위한 식사를 한다. 영양을 온전히 인지하고, 당신이 먹는 음식과 좀 더 가까운 관계를 맺으려면 다음의 조언을 참고해라.

공부하고 고민하여 식단을 짠다. 스포츠 영양에 대해 더 알아보고, 음식을 고를 때 좀 더 구체적인 조언을 구하라. 스포츠 영양학자의 도움을 받아 다양한 범주의 음식을 활용한 개인 식단을 짜는 것도 좋다. 슈퍼마켓을 돌아다니면서 마구잡이로 쇼핑하는 대신, 한 주 동안 무엇을 먹을지 미리 결정하고 쇼핑하라. 때때로 치팅데이도 갖자. 균형 잡힌 간식을 챙겨 먹는 것도 중요하다. 바쁘게 운동하다 보면 낮에 끼니를 놓치고, 밤에 과식하는 경우가 생긴다. 꾸준하게 규칙적으로 힘을 비축하려면, 견과류, 건포도, 바나나같이 몸에 좋은 간식을 항상 들고 다니자. 그러면 혈당 수준을 적정하게 유지할 수 있다. 물론 물도 잊지 않는다.

한 입, 한 모금을 의식적으로 섭취한다. 음식을 먹으면서 오감을 활성화하라. 요리 중인 음식의 냄새를 맡았는가? 어떤 향신료가 들어갔는지 알아챌 수 있는가? 혀로 음식의 맛을 느끼는가? 한 입 깨물 때마다 그 음식에 온전히 집중하자. 먹는 속도가 너무 빠르다면, 몇 번 씹는지 횟수를 센다. 그러면 먹는 속도가 느려지고, 지금 먹는 음식에 집중하게 된다.

선량한 늑대에게 먹이를 준다. 자신과 나누는 대화에 관해 이야기할 때 자신을 너무 혹독하게 몰아세우지 말라고 했다. 중요한 이야기다. 방금 먹은 음식 때문에 죄책감을 느끼는 것은 사악한 늑대에게 먹이를 던져주는 것과 같다. 좀 더 먹겠다고 마음을 먹거나 좋아하는 디저트를 주문했다면, 내가 충분히 고민한 뒤 내린 결정이라고 납득해야 한다. 그리고 좋아하는 음식을 먹는 경험 자체를 충분히 즐기자. 자신이 내린 결정을 온전히 받아들여라. 방금 먹은 음식으로 자신을 자책하고 몰아세우지 않아야 한다.

주위 환경이 영향을 끼치지 않도록 주의한다. 식습관은 알게 모르게 환경의 영향을 받는다. 음악이 시끄럽거나 TV가 켜져 있거나 옆 사람이 빨리 먹는다면 나도 모르게 먹는 속도가 빨라진다. 식습관에 영향을 주는 요소를 잘 파악해서 언제 먹는 게 적절한지, 어떻게 음식을 즐길 수 있는지 식습관을 현명하게 조절해야 한다. 자신의 식이 패턴을 조절하는 것은 내 손에 달려 있다.

식이 장애를 경계한다. 체중, 사이즈, 체형 혹은 특정 신체 부위에 지나치게 신경을 쓰는 선수를 쉽게 볼 수 있다. 특히 체조나 아이스 스케이팅처럼 심판의 평가를 받는 스포츠, 또는 다이빙이나 수영처럼 몸매가 드러나는 운동복을 입어야 하는 종목, 크로스컨트리처럼 지구력이 중요하거나 체중에 따라 체급이 달라지는 레슬링 등의 종목에서 이런 모습이 두드러진다. 어린 나이에 운동을 시작했거나 완벽주의자 경향을 가진 사람도 식이와 관련된 어려움을 겪을 가능성이 높다. 섭취한 칼로리와 운동으로 소모한 칼로리에 연연하기 시작하면, 문제만 가중될 뿐 고민이 해결되지 않는다. 만일 그런 식으로 생각하기 시작했거나 지나친 섭취 제한이나 폭식 증세가 나타난다면 즉시 전문가의 도움을 받아야 한다. 이런 증세는 더 심각한 부상이나 성장 제한, 정신 기능의 악화, 골다공증 같은 건강 문제를 야기하기 때문이다. 이렇게 되면 당신이 무엇을 먹고 있는가가 아니라 무엇이 당신을 집어삼키고 있는가가 문제가 된다. 문제가 커지기 전에 싹을 잘라내야 한다. 그대로 두었다가는 감당하지 못할 수준까지 악화된다.

고품질의 연료를 저장고에 저장한다. 자신의 몸을 레이싱에 출전하는 경주용 자동차라고 생각해보자. 경기 당일 출력과 속도를 최대치로 내려면 가장 좋은 품질의 연료로 탱크를 채워야 한다. 당신이 섭취한 음식이 경기 당일의 성적을 결정짓는다. 중요한 날에는 식단을 바꾸면 안 된다. 새로운 영양 바나 에너지 드링크를 시도하는 어리석음을 범하지 마라. 위장이 놀랄 수 있다. 새로운 음식이나 음료는 경기 당일이 아니라 훈련 시즌에 시도하라.

고통을 다루는 기술

> **고통이 시작될 때부터 끝날 때까지, 딱 한 번 아플 뿐이다.**
> ─ 제임스 쿤실먼(수영 코치)

성공하려면 부상이 아니더라도 고통, 시큰거림, 피로감, 불편을 잘 다뤄야 한다. 거기에 성패가 달려 있다. 성과를 개선하려고 하면 신체의 고통이 따라오기 마련이다. 이는 훈련에서 절대 빠지지 않는 요소이기도 하다. 올림픽 금메달을 세 번이나 딴 재키 조이너-커시는 이렇게 이야기했다. "아무 선수나 붙잡고 물어보세요. 우리는 항상 다쳐요. 저만 해도 몸에게 한꺼번에 일곱 가지 다른 업무를 맡기거든요. 안 아픈 게 이상할 지경이죠."

'농구 역사상 가장 위대한 작은 사람'으로 불리는 필라델피아 세븐티식서스 팀의 앨런 아이버슨은 180센티미터가 될까 말까 한 키에 몸무게는 75킬로그램밖에 되지 않지만 NBA에서 가장 거친 선수라는 평을 듣는다. "자주 다치곤 했죠. 너무 심각하게 생각하지 않으려고 해요. 아드레날린이 솟아나는 대로 움직이는 거죠."

불편하다는 것은 위대해지기 위해 치르는 대가나 매한가지다. 가장 중요한 포인트다. 부상이 많은 분야는 레슬링, 수영, 사이클링, 산악 등반이나 달리기처럼 신체를 격렬하게 움직이는 스포츠다. 그럼에도 고통의 다른 일면에는 목적을 성취하면서 느끼는 쾌락, 뿌듯함, 만족감이 있다는 사실을 기억하라.

마라톤 선수가 결승전을 앞두고 극심한 신체적 고통을 느끼는 현상이 있다. 사이클링에서는 이 현상을 '봉크(자전거를 타고 장거리를 가는 도중 체력이 소진되어 몸 상태가 갑자기 나빠지는 현상)'라고 부른다. 건강에 해를 끼치거나 부상을 악화하는 방법만 아니라면 묵묵히 더 깊게 파고, 마지막 기어를 올려야 한다. 앤 트라손은 울트라마라톤(정식 마라톤 경기의 풀코스인 42.195킬로미터보다 긴 거리를 달리는 마라톤) 선수로 현역 동안 무려 20개의 세계 신기록을 세웠다. 그는 고통에 대해 "어느 순간이 되면, 고통이 더 악화하지 않는 지점까지 도달하게 되죠"라고 말했다.

2004년 아테네 올림픽에서 트라이애슬론 동메달을 딴 선수 수전 윌리엄스는 훈련과 경기 중에 고통을 어떻게 소화해내는지 자신의 경험을 공유했다.

"운동을 수영부터 시작했기 때문에, 열심히 하면 실력이 나아진다는 걸 잘 알고 있었어요. 훈련할 때에는 뒤로 물러나지 않아요. 최고가 되고 싶거든요. 경기 중에는 내가 최선을 다했다는 사실을 받아들이고 경기장을 떠나고 싶어요. 뒤로 물러선다면, 그 경기가 만족스럽지 않을 것이고, 스스로에게도 실망할 거예요."

일본의 베스트셀러 작가 무라카미 하루키는 『달리기를 말할 때 내가 하고 싶은 이야기』에서 집중과 지구력이 없다면 재능은 쓸모없다고 말한다. 또한 울트라마라톤을 달릴 때 도움이 되었던 극단적인 주문도 알려준다. "나는 인간이 아니야. 난 기계일 뿐이야. 느낄 필요도 없어. 그저 계속 앞으로 나아가."

여러 기술을 활용하면 고통에 대한 참을성이 좋아지고, 고통을 지나 앞으로 나아가며, 심지어 이를 받아들일 수 있다. 하지만 몸이 아프거나 심각한 부상이 있을 때는 일찌감치 그날의 운동을 마무리하고 다음 훈련을 기약해야 한다.

여기에서 다루는 요령은 신체적 한계를 시험하는 순간의 고통이나 불편함을 잘 다루도록 도와줄 뿐이다. 기존의 건강 문제나 부상을 모른 척해서 상태를 악화해서는 안 된다. 부상을 막고 치료하기 위해 현명한 의사 결정을 내리고 싶다면, 코치와 스포츠 의료팀과 상담하라. 운동선수로서의 장기적인 목표를 명심하라.

불편하다는 느낌을 넘어서려면 자신에게 딱 맞고 의미 있는 방식을 찾아야 한다. 피로를 넘어서서 추가 기어를 한 번 더 올려라. 기력을 되찾아서 페이스를 회복하자. 또한 힘들게 운동하고 경기했다면, 충분히 휴식하고 회복할 시간을 확보하자. 최고의 성적을 내고 인내심을 기르기 위해 활용할 수 있는 몇 가지 고통 관리 전략을 살펴보자.

한계의 순간에 신체 반응을 모니터링한다. 주기적으로 자신의 몸과 현재 페이스를 체크하고 필요하다면 조정 작업에 들어가라. 머리부터 발끝까지 자신의 몸을 스캔하고, 어디가 긴장했고 잔뜩 날이 서 있는지, 어디가 긴장을 풀고 있는지 느껴보자. 그런 다음 스스로를 돌아보며 자신에게 질문을 던져봐야 한다. "지금 내 속도가 너무 빠른가? 혹은 너무 느리지 않은가?", "적절한 기술을 구사하고 있는가? 급격히 피로할 때 견딜 수 있을까?", "진이 빠지지 않을 정도로 에너지원을 확보하면서 움직이고 있는가?" 마라톤을 할 때 경험 많은 선수는 초보 선수에게 흥분해서 빨리 달리지 말라고 경고한다. 초보는 몇 달 동안 열심히 훈련하고 한껏 기대감에 부푼 상태일 가능성이 크다. 그러다 막상 경기를 시작하면 전에 세워놓은 계획은 어느새 사라지고 좌절하는 경우가 많다. "경기 시작 전에 세

위놓은 계획을 따라간다"라고 굳게 마음먹어야 한다.

기분 좋은 것에 집중한다. 운동하면서 몸을 움직이는 즐거움, 정자세를 유지하는 것, 바람직한 호흡법에 집중하는 편이 몸의 고통에 집중하는 것보다 바람직하다. 특히 운동을 막 시작하거나 끝내려는 단계에서는 이런 방식이 중요하다. 우수한 달리기 선수와 함께 우승 전략에 대해 이야기를 나눈 적이 있다. 그는 400미터를 달릴 때마다 자신의 눈꺼풀에 집중한다. 이유를 물어보자 그는 미소를 지으며 이렇게 대답했다. "400미터를 달릴 때 내 몸에서 안 아픈 곳이 눈꺼풀밖에 없거든요." 한 마라톤 선수는 경기 중에 미소를 지으면 고통이 줄고 기분이 좋아진다고 털어놨다.

부정적인 생각을 긍정적인 생각으로 바꾼다. "여기가 아프네", "더 이상 하고 싶지 않아"처럼 부정적인 생각은 속도를 늦추고 근육의 고통을 증가시킨다. 그럼 고통의 감각이 더 강해진다. 힘든 순간이 닥치면 미소를 띠고 "버티자", "강해지자", "해낼 거야", "빠르고 가볍게", "긴장 풀고 계속하자"처럼 긍정적인 문구를 되뇐다.

괴로운 순간을 받아들인다. 이는 당신도 활용할 수 있는 미군의 훈련 모토다. 열심히 노력하고, 과거의 한계를 넘으면서 발생하는 불편함을 받아들이라는 의미다. 도전을 받아들이고 고군분투하는 상황을 즐겨라.

좋아하는 음악을 듣는다. 음악을 들으면 기분이 좋아질 뿐 아니라 운동하는 내내 불편한 느낌에서 시선을 돌릴 수 있다. 조깅하면서 혹은 헬스장에서 듣는 플레이리스트를 때때로 업데이트해서 너무 평이하거나 똑같은 곡만 주구장창 듣지 않도록 한다. 동시에 좋아하는 노래를 포함해라. 당신을 기분 좋게 하는 노래는 반복해서 들어도 항상 영감을 주며 성공하겠다는 굳은 다짐을 떠오르게 한다.

고통이 줄어드는 비유적인 이미지를 떠올린다. 예를 들어, 수영 선수라면 물살을 헤치면서 고통을 뒤로하고 앞으로 나가는 모습을 떠올려보자. 고통이 씻겨 나가는 이미지를 상상해볼 수도 있다. 달리기 선수는 자신이 탱크라고 상상해보라. 그 어떤 장애물 앞에서도 속도를 늦추거나 멈추는 일 없이 앞으로 나아가는 장면을 상상하자.

할 일을 해내는 데 집중한다. 경기를 해내는 데 모든 에너지를 쏟아부으면, 고통을 비롯한 나머지는 알아서 쓸려 나간다. 올림픽 금메달리스트이자 복싱의 전설 조지 포먼은 "정말 간절히 원하는 것이 보인다면, 그것에 도달할 때까지 어떤 고통도 느끼지 않아요"라고 말한다.

지금 이 순간에 할 수 있는 일을 한다. 여섯 번이나 트라이애슬론 세계 챔피언 자리에 오른 데이브 스캇은 경기를 할 때마다 "지금 내가 할 수 있는 일을 하자"라고 되뇐다. 즉, 긍정적인 태도로 지금 여기에서 할 수 있는 최선을 다하는 것이다. 당신이 경주하고 훈련할 때도 스캇의 주문을 활용해보라. 큰 도움이 될 것이다.

위에 소개한 기술을 많이 활용할수록 고통이 당신의 야망을 방해할 가능성이 낮아진다. 특정한 피트니스 목표를 달성하는 것이든 경기에서 승리하는 것이든 산을 정복하는 것이든 스포츠를 궁극적으로 즐기는 것이든 당신의 야망이 어떤 형태를 띠고 있어도 똑같다. 고통을 극복하는 방법을 알게 되면, 당신은 한 단계 앞서 나갈 수 있을 것이다.

피지컬을 지배하는 정신의 힘

> **힘들 때 자신의 진정한 모습을 알게 된다.**
> ─작자 미상

어떤 운동을 하건 부상은 피하기가 어렵다. 그렇지만 최적의 몸 상태를 유지하고, 충분히 워밍업 운동을 하고, 제대로 기술을 연마하고, 정신력을 강화하며 스트레스를 잘 조절하면 부상을 미연에 방지할 수 있다.

개인적인 일이나 운동 때문에 스트레스가 늘어나면, 근육이 긴장하고 집중력이 떨어지며 상황 판단력이 흐려진다. 그러면 주변

환경을 파악하기 어렵고 반응이 느려진다. 경기장 밖에서의 스트레스를 조절해야 경기장에서 부상을 입을 확률이 줄어든다.

뉴잉글랜드 패트리어츠 팀의 쿼터백 톰 브래디는 2008년 NFL 시즌 첫 게임에서 무릎 부상을 입었다. 왼쪽 무릎의 전십자인대와 내측측부인대가 찢어졌다. 2008년 시즌을 통째로 못 뛰게 된 것이다. 하지만 그는 바로 다음 해에 필드로 돌아왔고 마치 아무 일도 없었던 것처럼 그해 시즌을 석권했다. 재활에 성공한 무릎에 대해 떠드는 대신, 그는 조용하게 터치다운을 던지는 데 집중했다.

몇 십 년 전만 해도 주요 인대 파열은 운동선수의 커리어를 망치는 주된 이유였지만, 이제는 그런 일이 발생하지 않는다. UFC 웰터급 챔피언 조르주 생피에르는 무릎 수술을 받고 자신의 기량을 원래대로 발휘했다. 그는 오른쪽 무릎 전십자인대가 파열된 뒤 수술을 받고 장기간 재활 훈련을 받으면서 장장 19개월 동안 경기를 뛰지 못했다. 그럼에도 2012년 11월 UFC 154 경기에서 카를로스 콘딧을 상대로 완승을 거두고 자신의 벨트를 의기양양하게 가져간다.

부상이 심각하건 경미하건 여기에서 오는 심리적, 신체적 시련을 극복하려면 재활의 정신적 측면을 잘 다룰 수 있어야 한다. 신체적인 고통을 다뤄야 하는 것은 물론, 주변으로 밀려났다는 생각, 부상당하기 전만큼 성적을 내지 못할 수도 있다는 생각에서 오는 정신적 고통도 감당해야 하므로 정신력이 특히 중요하다. 챔피언의 마인드로 훈련장에 가라. 그리고 이전 수준으로 돌아갈 수 있을 때까지 재활이 자신의 새로운 종목이라고 마음먹어라. 그러면 예전으로 돌아갈 수 있다. 재활하면서 마음속 싸움을 이겨내고 싶다면, 다음의 팁을 따라라. 의기양양하게 경기장으로 돌아갈 수 있을 것이다.

상실의 다섯 단계를 파악하고 이해한다. 심각한 부상을 입었을 때 사람들은 대부분 다섯 단계의 감정 상태를 거친다. 첫 번째 단계는 부정("이런 일이 일어나다니, 믿을 수 없어")이다. 두 번째는 분노("왜 지금 이러는 거야?", "이건 불공평해!")가 찾아온다. 세 번째 단계는 가정("이렇게만 했어도…")이다. 네 번째로 우울("재활은 아무짝에도 쓸모가 없어. 꼭 해야 하나?")이 찾아온다. 마지막 다섯 번째는 수긍("이런 일이 일어난 게 최선은 아니지만, 이미 일어난 일을 최대한 활용해야지")을 한다.

동기부여와 지원을 받을 수 있도록 팀을 짠다. 전문적인 의료팀의 도움을 받고, 가족, 친구, 팀원에게서 격려를 받는다. 여기에서 중요한 점은, 자신이 느끼는 것을 혼자 담아두지 않고 이야기하는 것이다. 심리상담사와 상담하는 것을 수치스럽다고 생각하면 안 된다. 필요하면 진행해야 한다. 재활은 극히 개인적인 경험으로, 다른 사람의 재활과 나의 재활은 같지 않다. 하지만 그렇다고 해서 혼자 재활을 해야 한다는 뜻은 아니다.

인내심은 최고의 처방이다. 인내심을 가지고 꾸준하게 버텨야 한다. 회복이 더디다면 더더욱 그렇게 해야 한다. 재활을 소홀히 하면 회복이 느려진다. 과하게 재활하면 상처가 도져서 더 나쁜 결과가 나올 수 있다. 트레이너와 의사의 충고를 잘 지켜라. 궁금한 점이나 걱정거리가 생긴다면 전문가들에게 질문을 던져라. 개인으로서, 혹은 운동선수로서 좋은 결과를 가져다주는 과정을 밟고 있다고 믿어라. 현실이 될 것이다.

상상력을 발휘한다. 하루하루 상처가 아물고 신체가 강인해지며 평소 상태로 돌아오는 모습을 그려본다. 고통을 느낄 때마다 상처 부위에 치유의 힘이 놓여 있다고 상상한다. 경기 동영상을 보거나 경기하는 모습을 머릿속으로 그려본다. 신체적 능력이 돌아올 때까지 정신적 능력을 갈고닦을 수 있다. 다이빙 선수 로라 윌킨슨은 2000년 올림픽 예선전을 위해 마지막 훈련을 하다가 발뼈 세 개가 부러졌다. 회복할 때까지 두 달 동안 꼼짝 못하게 된 그는 매일같이 다이빙하는 자신의 모습을 상상했다. 이후 올림픽 경기 출전 자격을 얻어내 시드니 올림픽에서 금메달을 손에 거머쥐었다. 우승할 당시에도 발 부상은 온전히 낫지 않은 상태였다.

부정을 긍정으로 탈바꿈한다. 스포츠 의료진의 도움을 받는 동시에 회복 시간을 활용해서 훈련하고, 취미나 기타 흥밋거리를 개발해 창조성을 발휘하라. 하체에 부상을 입었으면, 웨이트를 활용해서 상체를 훈련하라. 상체를 다쳤으면, 역시 웨이트를 활용하거나 고정 바이크를 타면서 하체를 강화해야 한다.

정체기와 장애물을 뚫고 나아간다. 장애물이 발생했을 때 경기장으로 돌아갈 기회가 생겼다고 여겨라. 회복 기간 동안 침체기나 정체기가 찾아오더라도 희망을 잃지 않는다. 하룻밤 만에 회복할 수도 없고, 회복세가 눈에 띄지도 않을 것이다. 잘 되는 날도, 안 되는 날도 있기 마련이지만 이 모든 것이 회복하기 위한 일련의 과정임을 명심하라. 멈추지 않고 계속하겠다고 마음먹어라!

스포츠 특기생이 발목에 3도 염좌 부상을 입었을 때의 상황을 상상하는 것으로 이야기의 끝을 맺어보자. 챔피언이라면 이런 상황에서 어떻게 대응하고 회복할까?

정상으로 돌아갈 때까지 재활을 새로운 스포츠라고 생각하고 도전할 수 있다. 즉, 회복 과정을 새로운 운동 기술에 도전하는 것처럼 여기고, 두려워하거나 의심하는 대신 정면으로 부딪치는 것이다.

재활할 때는 경기장에 나간다는 각오로 최고의 노력과 태도를 보여라. 트레이너, 의사와 함께 회복 계획을 짜고, 이를 꼬박꼬박 지켜라. 가족, 친구, 코치, 팀원과 대화를 나누면서 지지를 받고, 충분한 휴식과 수면을 취해서 순조롭게 회복해라. 팀원들과 함께 경기장에 있는 자신을 그려보고, 팀원들이 하는 기술을 머릿속으로 그려보자. 이렇게 한 발자국씩 차근차근 밟다 보면, 의료진에게서 재활이 끝났다는 이야기를 듣고 원래의 건강한 모습으로 돌아갈 수 있을 것이다.

힘을 빼면 더 강해진다

> 휴식은 모든 걱정과 긴장에서 자유로워지고,
> 존재 안에 인생의 순리가 자연스럽게 들어오도록 허락하는 것이다.
> — 도널드 커티스(작가)

챔피언이라면 재생의 중요성을 매우 잘 알고 있다. 운동선수는 힘든 훈련을 끝낸 다음 긴장을 풀고, 휴식을 취하면서 회복해야 한다. 훈련이 양의 기운이라면 재생은 음의 기운이다. 과다하게 훈련만 하고 충분한 휴식을 취하지 않아 양쪽으로 들들 볶이면, 번아웃 증상에 시달리고 부상이나 질병의 위험성이 커진다. 몸이 피곤할 때는 생산적으로 경기하고 분명하게 생각하는 능력이 쇠퇴한다. NFL의 전설적인 감독 빈스 롬바르디가 말한 대로 "피곤함은 우리 모두를 겁쟁이로 만든다".

재생하려면, 몸의 힘을 빼는 훈련을 반드시 해야 한다. 특히 시즌 내내 장기간 발생하는 마모 손상을 최소화하기 위해서는 긴장을 풀어주는 연습이 반드시 필요하다. 어떻게 쉬어야 자신의 피로와 탈진이 줄어드는지 확실하게 파악하라. 마음을 평안히 하고 몸의 긴장을 최소화하기 위해 이완하는 훈련을 지속해라. 고대 중국의 철학자 노자가 한 말이 있다. "호미로 막을 것을 가래로 막는 일이 생기기 전에 해치워버려라."

푹 쉬어서 마음과 몸을 재충전해라. 재충전에도 다양한 방식이 있다. 집에서 좋아하는 의자에 기대앉거나 경기 직전 로커룸의 벤치에 누워서 10분 동안 깊고 천천히 숨을 내쉰다. 자신의 몸이 우주에서 유영하고 있거나 뜨거운 목욕물에 잠겨 있다고 상상한다. 휴대전화를 꺼놓는 것도 잊지 말자. 침묵의 순간을 누리고, 마음속 불분명한 것들이 명료해지도록 내버려 둔다.

온몸에 들어간 기합을 빼고, 다시 훈련할 수 있도록 자신에게 시간을 주자. 가끔씩 푹 쉬고 기운을 충전하는 데에만 집중하는 날을 갖는다. 또 마음을 가볍게 하는 활동을 위한 여유 시간을 마련한다. 여가 시간에 무엇을 하고 싶은가? 좋아하는 취미나 관심사는? 훈련에서 벗어나서 마음을 내려놓는 시간을 가지려고 노력하라. 그래야 다시 훈련하면서 몸을 굴릴 수 있다. 챔피언이 되려면, 온전하게 쉬고, 다시 훈련과 경기를 준비할 수 있어야 한다.

낮잠은 어떨까? 꾸벅꾸벅 졸음이 쏟아지고 발이 질질 끌리는 날이 있다고 생각해보자. 전날 밤잠을 설쳤을 수도 있다. 하지만 따로 시간을 낼 수도 없다. 게다가 헬스장에 가서 운동도 해야 한다. 낮잠을 잘까 말까 그것이 문제로다. 만일 낮잠을 자겠다고 마음먹는다면, 얼마나 자야 할까? 오랫동안 자야 좋을까?

호주의 심리학자 앰버 브룩스와 레온 랙이 발표한 연구에 따르면, 10분짜리 낮잠을 자는 편이 낮잠을 자지 않거나 5분, 20분, 30분짜리 낮잠을 자는 것보다 회복에 효과적이었다. 인지 능력, 활력이 높아지고 머리가 맑아졌다. 이 점을 염두에 두고 자신에게 맞는 낮잠 시간을 찾아라. 피곤할 때, 카페인의 도움 없이 기운을 북돋고 싶다면 낮잠만 한 것이 없다.

PMR(점진적 근육 이완법)을 시도해보라. PMR은 몸 전체의 근육 그룹을 체계적으로 수축하고 이완하는 훈련으로 효과가 강력하여 인기가 높다. 근육을 움직이면 근육 긴장이 풀어진다. 이렇게 근육을 조절하기 위해서는 자신의 상태를 충분히 인지해야 하므로 집중력이 높아지게 된다. 또한 PMR을 거듭하면 수축과 이완의 차이를 깨닫게 된다. 중요한 것은 근육을 수축할 때 약 50퍼센트 정도의 긴장을 주도록 조절하는 것이다. 몸을 상하게 할 정도는 아니지만, 동시에 수축하는 느낌을 느껴야 한다. 수축 시간은 6~8초 정도로 조절하고, 이후 천천히 수축된 근육을 풀어준다. 이때 깊게 천천히 숨을 들이쉰다. 반대로 이완할 때에는 깊게 천천히 숨을 내쉰다.

PMR 같은 이완 훈련은 머리에서 시작해서 발끝으로 내려갈 때 가장 효과가 좋다. 왜냐고? 사람의 마음이 신체를 조정하기 때문에, 가장 긴장하고 있는 머리에서 시작해서 아래쪽으로 내려가야(아래쪽에서 머리로 올라가는 것보다) 다른 근육도 같이 이완되기 때문이다. 몸 아래쪽으로 천천히 관심을 옮겨가면서 근육을 수축하고 이완해라.

만일 불편하거나 상처를 입은 근육이 있다면, 그 부분은 훈련하지 않는다(혹은 그저 머릿속으로 그 부분의 긴장을 푼다고 생각만 한다). 그리고 걱정스러운 건강상 문제나 부상이 있다면, 반드시 의사와 상담한 뒤 훈련한다.

잠자기 직전에 안락의자에 편안히 앉거나 침대에 누워보자. 편한 옷을 입고, 조명을 어스름하게 조절한 뒤, 팔다리를 바르게 내려놓고 눈을 천천히 감는다. 3분에서 5분 동안 깊게, 숨 쉬는 것으로 연습을 시작한다. 코로 들이쉬고 입으로 내쉰다. 숨을 쉬며 긴장된 몸을 이완한다. 걱정거리나 근심은 내보낸다. 다른 것, 다른 사람을 생각하지 않고 현재 지금 이 상태에 머문다.

- 이마: 이마에 주름이 생길 때까지 눈썹을 들어 올린다. 이마와 두피에 발생한 긴장을 유지하면서 집중했다가 풀어준다.
- 얼굴: 눈을 꼭 감고, 코에 주름을 만들고, 뺨과 턱을 안으로 집어넣어 얼굴 근육을 수축한다. 그 상태를 유지하다가 긴장을 푼다.
- 어깨: 귀까지 어깨를 끌어올린 뒤 유지한다. 긴장이 고조됨을 느끼다가 다시 편안한 자세로 어깨를 내려놓는다.
- 등: 등을 아치형으로 만들어서 등 근육을 긴장시킨다. 등이 조이는 것을 느끼면서 어깨를 뒤로 젖히고 가슴을 앞으로 내민다. 이 상태를 유지하다가 편안한 자세로 돌아간다.
- 팔뚝: 팔을 굽혀서 이두박근을 긴장시킨다. 몇 초간 그 자세를 유지하면서 긴장감에 집중한 뒤 풀어준다.
- 오른손: 오른손으로 주먹을 꽉 쥔다. 손과 손목의 긴장을 느낀다. 오른손의 긴장과 왼손의 이완을 비교한다. 이 상태를 유지하다가 푼다.
- 왼손: 왼손으로 주먹을 꽉 쥔다. 손과 손목의 긴장을 느낀다. 왼손의 긴장과 오른손의 이완을 비교한다. 이 상태를 유지하다가 푼다.

- 엉덩이: 엉덩이 근육에 집중하고 힘을 준다. 그 상태를 유지하다가 풀어준다.
- 허벅지: 드러누운 상태에서 다리를 쭉 편 뒤 올려서 근육 전반을 당겨준다. 허벅지를 조이고, 발가락을 얼굴 쪽으로 당겨서 정강이가 조이는 느낌을 느낀다. 그 느낌에 집중하다가 풀어준다.
- 종아리: 드러누운 상태에서 다리를 쭉 편 뒤 올려서 근육 전반을 당겨준다. 허벅지를 조인 상태에서 발가락을 얼굴 반대쪽으로 쭉 뻗어서 종아리 쪽 긴장을 느낀다. 그 느낌에 집중하다가 풀어준다. 발가락을 요리조리 돌려준다.

마지막으로 의자나 침대에 몸을 묻는다. 몸을 깊숙이 집어넣으면서 근육이 따뜻해지고 무거워지는 느낌을 받는다. 몸이 조금씩 더 내려가면서 느껴지는 이완의 감각을 깊이 즐긴다. 천천히, 깊고 리드미컬하게 숨을 들이마시고 내쉰다. 열 번 정도 이 과정을 반복한 뒤, 특정 부위에 신경 쓰고 싶다면 그 부위를 반복한다. 침대에 누워 있다면 이내 잠을 청하고, 만일 아직 하루 일과를 끝내지 않았다면 편안하고 새로운 마음으로 일과를 계속한다.

PMR 외에도 스트레스를 푸는 방법은 여러 가지가 있다. 크게 웃음을 터뜨려도 좋고, 걷거나 앉아서 명상하거나 팔다리를 흔들어 긴장을 풀 수도 있다. 점프를 몇 번 하거나 찬물 세수를 해도 좋고, 노래를 부르거나 테니스공을 한손에 꽉 쥐는 것도 효과가 있다.

이제 꾸준히 훈련하고, 균형 잡힌 식단을 유지하며, 고통을 관리하고 부상을 다루며, 몸을 새롭게 할 때 필요한 지식과 훈련 방법을 알게 되었다. 진도를 더 나가려면, 최고의 성적을 낼 수 있도록 영양분 있는 음식으로 연료를 가득 채우고, 컨디셔닝 프로그램을 지키며 고통을 극복하고 저편에 자리 잡은 목표를 손에 꼭 쥐어야 한다. 부상을 입었다면 재활 과정을 거치면서 심리 게임을 이기기 위해 두뇌를 활용하고, 최상의 몸 상태와 마음가짐을 유지하도록 충분한 회복 시간을 가져야 한다. 이 장에서 다룬 내용은 아주 기본이고 그래서 더욱 중요하다. 사소한 팁 하나도 자신의 것으로 만들어 어떤 변수에도 유연하게 대처할 수 있도록 하자.

07

THE CHAMPION'S MIND

가장 탁월한 자신이 되기에
늦은 때란 없다

스포츠에서 성공하고 이를 유지하는 것은 정신력이 탄탄한 사람
간의 서바이벌 게임이다. 치열한 훈련, 많은 시간과 노력이 필요하
고, 이를 오랜 시간 견뎌내겠다는 마음가짐이 있어야 탁월한 선수
가 될 수 있다. 어려운 시간을 참고 견뎌 성공하고 싶다면 챔피언의
몸과 마음을 만들어내기 위해 매일매일 훈련하고, 이로써 뛰어난
수준에 도달하겠다는 각오가 있어야 한다.

우수한 선수는 우연히 만들어지지 않는다. 또한 단기적인 야망,
일시적인 이벤트, 한 번의 성과로 이루어지지도 않는다. 더 높고,

치열하게 경쟁할 만한 목표를 주의 깊게 정하고 이를 집요하게 좇아야 한다. 역사상 위대한 챔피언은 장기적인 비전과 플랜으로, 자신만의 실력을 갈고닦기 위해 매일매일 헌신하면서 이를 이루어내려고 노력했다. 일 단위 혹은 주 단위로 성장 목표를 세워놓으면 올바른 방향으로 자신을 끌고갈 수 있다.

당신은 닭인가 돼지인가? 닭과 돼지의 우화는 단순한 참여와 헌신의 차이가 무엇인지 말해준다. 닭은 돼지에게 아침 식사를 파는 레스토랑을 열자고 이야기했다. "레스토랑 이름은 '햄과 달걀'로 하자!"라고 닭이 제안하자, 자신이 무엇을 희생해야 하는지 곰곰이 생각해본 돼지가 대답한다. "아니, 안 할래. 나는 아침 식사를 위해 내 살을 헌신해야 하지만 (달걀을 낳기만 하면 되는) 너는 그저 관여할 뿐이잖아."

자신의 스포츠 커리어를 우화에 대입시켜보자. 돼지는 과정에 자신을 바치면 성공할 가능성이 크다는 사실을 알고 있다. 즉, 가장 뛰어난 운동선수가 되려면 온 힘을 다해 공을 들여야 한다. 그 과정에 절반만 발을 담그려는(낮게 헌신하는) 닭이 되어서는 안 된다. 스포츠 커리어에 온전히 투자하지 않는 것은 꿈을 달성하겠다는 신념을 버리는 것이나 매한가지다.

한때 NBA 농구 선수이기도 했고 감독으로도 활약한 팻 라일리는 이렇게 말했다. "헌신에는 딱 두 가지 선택이 있어요. 헌신하거나 헌신하지 않거나. 그 사이에는 어떤 선택도 없죠."

한결같이 집착하라

조정 경기에서 금메달을 따낸 브래드 앨런 루이스에게 강한 헌신이란 한결같은 집착을 뜻한다. 자신의 저서 『조정 코치를 구합니다』에서 그는 이렇게 설명한다. "올림픽 경기에 나가고 싶다고 남몰래 꿈꾸는 사람이 있다면, 난 그 사람에게 딱 두 단어로 그 방법을 알려줄 수 있어요. '한결같은 집착.' 집착하기란 어렵지 않아요. 하지만 한결같이 집착하는 건 절대 쉽지 않죠." 브래드가 어떻게 탁월한 선수가 되었는지 궁금해진 나는 그의 사고방식과 원동력에 관해 물어보았다. 그는 이렇게 답했다.

"한결같은 집착에 대해 말하자면, 집착하는 성격이 도움이 되긴 합니다. 제 경우에는 확실히 그랬어요. 저는 좀 그렇거든요. 남동생이나 여동생은 그렇지 않았죠. 같은 맥락에서 저는 멀티태스킹은 할 수가 없는 사람이에요. 그래서 에너지의 83퍼센트가 아닌 100퍼센트를 금메달을 위해 활용할 수 있었죠. 어정쩡하게 헌신하는 건 할 수가 없어요. 그러다 보니 인생의 나머지 부분은 힘들었죠. 수년간 말이에요. 하지만 그럴 수밖에 없더군요. 훈련을 하루 단위로 끊어서 계속, 한결같이 집착했죠. 거의 매일, 내 훈련 상대와 전투를 치르다시피 했어요. 저에게는 훈련 상대가 많았어요. 이들 덕택에 금메달을 딸 수 있었다고 생각해요. 그들이 아니었다면, 필요한 수준까지 저를 몰아세우지 못했을 거예요."

우선순위를 정하라

스포츠 분야에서 전성기를 맞고 꿈을 이루는 것은 당신에게 얼마나 중요한가? 하프 마라톤을 세 시간 10분 안에 완주하는 것, 대학에서 운동선수가 되는 것, 올림픽에서 뛰는 것, 꿈이 무엇이건 이 질문을 자신에게 던져야 한다. 당신의 꿈이 원대하면 원대할수록, 이 꿈을 이루기 위해 생각하고 올바른 일을 하는 데 집중해야 한다. 그러려면 운동과 관련된 모든 면을 끊임없이 고쳐 나가겠다는 단호한 결단력이 필요하다. 이때 운동의 모든 면이란 마인드, 영양, 훈련, 인간관계, 재활 훈련 등 다양한 측면을 포함한다.

"훈련에 관해 이야기만 하는 게 무슨 소용이 있어요. 얼마나 멍청한 짓인가요." 미국의 농구 선수가 한 말이다. 타이거 우즈, 월터 페이튼, 래리 버드 같은 스포츠계의 전설이자 체육관 붙박이들은 모두 높은 수준의 훈련과 지속적인 성장이 가장 중요하다고 입을 모은다. 마이클 조던이 경기 전 자유투를 연습하기 위해 한 시간 일찍 도착한다는 일화를 듣고, 이후 자신도 경기를 위해 필요한 훈련을 꼭 하게 되었다고 말하는 선수도 있다. 가장 위대한 레슬러이자 코치였던 댄 게이블 역시 우선순위를 올바르게 세워야 한다고 강조한다. 특히 훈련에서 이 점이 매우 중요하다.

"얼마나 성공하고 싶은지 마음을 정하고 나면, 우선순위를 세워야 합니다. 매일매일 가장 중요한 것부터 해치우는 거죠. 중요하지 않은 것은 뒤로 미룰 수 있지만, 우선순위가 높은 것은 빼먹지 말아야 해요. 물론 순위가 낮은 것도 잊어서는 안 돼요. 뒤통수를 칠 수 있거든요. 단지 우선순위가 높은 것부터 먼저 신경 쓰는 거죠. 25년간 수석 코치와 어시스턴트로 일하면서 훈련을 빼먹은 적은 한 번 정도일 겁니다. 왜냐고요? 훈련이 제일 중요하거든요. 가족 구성원과 선수로서 뭔가를 이루지 않고 하루를 보낸 적은 없어요. 이 두 가지가 제게는 가장 높은 우선순위거든요."

비시즌일 때는 우선순위를 조정해야 한다. 시즌 때와 비시즌 때의 우선순위는 다르다. 또한 커리어를 밟으면서 우선순위가 바뀌기도 한다. 예를 들어 코비 브라이언트를 생각해보자. 그는 과거 언론 인터뷰에서 정상의 자리를 유지하기 위해 영양에 점점 더 많은 신경을 쓰고 있다고 말했다. 구체적으로는 지방이 적은 고기와 채소를 먹고, 선수 생활 초반에 즐겨 먹던 정크 푸드를 줄이고 있었다. "정말 재미없지만 그만한 가치는 있어요." 자신의 식단에 대해 브라이언이 한 말이다.

남들이 하지 않는 일을 하라

축구 스타 리오넬 메시는 자신과 팀의 업적을 위해 모든 것을 헌신한다. 그는 이렇게 설명한다. "아르헨티나를 떠나는 것도, 새로운 삶을 위해 가족을 뒤로한 것도 모두 희생이었습니다. 축구를 위해, 꿈을 달성하기 위해 모든 것을 했죠. 그래서 파티도 잘 안 나가고 다른 것에도 시간을 쓰지 않아요." 세계적인 스타가 된 그는 운동선수로서, 팀원으로서 자신의 잠재력을 온전히 발휘하는 데 필요한 희생을 감내한다.

명예의 전당에 이름을 올린 제리 라이스는 미식축구 역사상 가장 동기부여가 높고 열심히 훈련한 선수로 유명하다. 오프 시즌 동안 격렬하게 개인 훈련을 한 덕택에 훈련 캠프에서 최상의 컨디션을 갖췄고, 그 결과 모든 경쟁에서 이기고 부상을 떨쳐냈다. 그의 훈련 중에는 4킬로미터에 달하는 가파른 언덕을 빠르게 달리는 것도 포함되어 있었다. NFL 선수들 여럿이 그와 함께 훈련했지만, 이 가혹한 훈련을 오랫동안 유지한 사람은 몇 명 없었다.

라이스는 이렇게 단언한다. "오늘 다른 사람이 못하는 것을 내가 하면, 내일은 다른 이들이 이루지 못한 성과를 나는 이룰 수 있죠." 필요한 일을 현명하게, 묵묵히 해냈기에 그는 남들보다 앞선 자리에서 오랜 기간 정상의 자리를 차지했다. 스포츠를 사랑하면서, 위대해지기 위해 끊임없이 노력하면서 자신의 삶을 바쳤다.

유연성과 감사하는 마음

메이저리그 투수 밥 턱스베리는 어깨와 팔 문제로 골치를 썩으면서도 십여 년간 굳건하게 빅 리그에서 공을 던졌다. 과거 야구장을 휩쓸던 선수였고 지금은 보스턴 레드삭스의 정신력 훈련 코치를 담당하고 있는 그는 운동선수가 승리 패턴을 만들어내고 유지하는 것에 대해 말할 수 있는 전문적인 위치에 있다. 2013년 MLB 봄 정기 훈련을 시작하기 전, 그는 이 주제에 대한 경험과 통찰력을 공유해주었다. 야구에서 올린 성과에 관해 이야기하면서 크게 두 가지 주제, 유연성과 감사하는 마음을 강조했다. 그는 다음과 같이 말했다.

"나는 팔 수술을 두 번 했어요. 두 번째 수술을 집도한 의사는 부상 때문에 두 번 다시 공을 던질 수 없을 거라고 말했죠. 결국 트레이드가 됐고, 메이저리그에서 6단계 마이너로 내려갔어요. 부상과 강등을 겪고 나니 다른 선수들과 달리 경기하는 것만으로도 감사하게 되더군요. 단 하루라도 메이저리그에서 뛴 것이 얼마나 굉장한 일인지 이해합니다. 11년은 말할 것도 없고요."

기막힌 신체 조건을 갖춘 야구 선수가 성공을 유지하지 못하는 이유를 찾기란 쉽지 않다. 하지만 턱스베리에게는 몇 가지 그럴듯한 설명이 존재한다. 첫째, 일찍 성공하고 금전적 보상을 받으면 동기부여가 색이 바랜다. 둘째, 나이가 들어도 메이저리그에서 계속 뛰고 싶다면 바뀌어야 하는데 이를 하지 못하거나 노력하려고 들지 않는다. 턱스베리는 세월이 흐르면서 변화를 주는 선수의 사례를 들었다. "온 힘으로 투구하던 투수가 이제는 몸 상태를 생각하면서 공을 던져요. 항상 장타를 때리던 타자는 다른 방식으로 타법을 바꾸면서 평균 타수 이상 치는 것을 목표로 했어요."

무리하지 않는 연습

헌신해야 하지만 동시에 너무 무리하지 않도록 주의해야 한다. 번아웃을 피하려면 전략적으로 선택하고, 적극적으로 재활해야 한다. 스위스의 테니스 스타 로저 페더러는 인터뷰에서 선수 생활 초반에 스폰서십이나 토너먼트 초대를 다 받아들이지 않고 무리해서 경기하지 않기로 마음먹었기 때문에 오랫동안 정상 자리를 차지할 수 있었다고 말했다. 정신적, 육체적으로 충분한 휴식을 취하는 데 필요한 시간을 아낌없이 사용했고, 그 덕에 계속해서 테니스를 즐길 수 있었다.

칩 벡은 오랜 선수 생활 동안 우수한 성적을 유지한 프로 골퍼다. 그가 오랜 기간 커리어에서 성공을 누린 것에 관해 대화를 나눌 기회가 운 좋게 생겼다. 커리어를 오래 유지할 수 있다는 점에서 골프는 여느 스포츠와 다르다고 말하면서, 그는 이렇게 비교했다. "마이클 조던은 NBA에서 16년간 뛰었죠. 하지만 골퍼는 뛰어난 기량을 발휘하면서 30년간 선수 생활을 해요."

브리티시오픈에서 다섯 번 우승한 톰 왓슨이 대표적인 케이스다. 60세 남짓할 무렵, 왓슨은 72번째 홀에서 2009 브리티시오픈 우승 기회를 안타깝게 놓쳤다. 이야기를 나누면서, 나는 그의 열정에 놀라지 않을 수 없었다. 평생 골프에 헌신했음에도 그는 여전히 활활 타올랐다. 그러면서 우수한 성적을 거두는 데 필요한 포인트를 하나하나 짚었다. 신체적 측면, 정신적 측면, 기술적 측면 등 모두 장기적 성공을 위해 필요한 요소들이다.

"정신적 요소가 제일 크죠. 드라이버를 두려워하면, 가장 빨리 지치게 돼요. 말하자면 이런 거죠. 티 앞으로 나서면서 '이건 정말 어려워'라고 생각하거나 이번 샷을 망칠 거라고 상상하죠. 잡생각으로 방해받지 않고, 처음부터 끝까지 스윙을 휘두르겠다는 생각만 하는 것이 정말 중요해요. 이때 박자를 생각하고 머릿속으로 이미지를 그리는 게 잘 먹히죠. 한 번에 한 가지 이상을 시도하지도 않고, 스윙 기술을 최대한 간단하게 구사하고, 너무 많은 변화를 한꺼번에 시도하지도 않아요. 다른 선수와 비교했을 때 특출난 신체적 장점이 없다 보니 항상 필드에 나가서 주기적으로 훈련하고, 몸 상태를 최상으로 유지하려고 했어요. 덕분에 커리어를 오래 유지할 수 있었어요. 몸 상태를 꾸준히 체크한다면 장기적으로 유리하죠."

올림픽에 여러 번 출전하는 선수들

아주 적은 수의 운동선수들만이 올림픽 경기에 출전할 기회를 얻는다. 여러 번 올림픽에 출전하는 선수는 그보다 훨씬 적다. 1986년 아테네에서부터 2010년 밴쿠버까지 따져봤을 때 다섯 번 이상 올림픽 경기에 참여한 선수는 500명이 채 되지 않는다. 여섯 번 이상 출전한 선수는 겨우 100명 남짓이다. 캐나다의 승마선수 이안 밀라는 올림픽 10회 출전이라는 가장 많은 기록을 갖고 있다.

올림픽에 참가하는 선수, 혹은 여러 번 올림픽에 참가하는 선수들처럼 자신의 스포츠에서 뛰어난 성적을 꾸준하게, 오래 유지하는 것은 우연이 아니라 선택의 문제다. 이들은 더 나은 선수가 되겠다는 열정으로 가득하다. 새로운 것을 배우고, 훈련하고 경쟁하는 것을 사랑한다. 긍정적인 사람이 주위에 가득하고, 이들에게서 도움을 구한다. 올림픽에 여러 번 참여한 뛰어난 운동선수를 집중 조명하고, 이들이 어떻게 계속 성공할 수 있는지 배워보자.

마크 그리멧은 미국 루지 대표팀의 수석 코치이자 스포츠 프로그램 디렉터로 일하고 있다. 2010년 밴쿠버 동계 올림픽에서는 개회식에 미국 국기를 들고 입장했다. 20년이라는 긴 세월 동안 뛰어난 성적을 거둔 비결에 대해 묻자 그는 이렇게 답했다.

"루지는 내 열정의 모든 것이었어요. 이 이야기가 제일 중요하죠. 난 루지를 정말 사랑했거든요. 그리고 더 나은 자신이 되겠다는 강력한 동기가 있죠. 루지에 대한 사랑 때문에 오랫동안 선수로서 경쟁력을 가졌다면, 이 열정과 더 나은 자신을 만들겠다는 동기가 합쳐지면서 역경을 이겨내고 성공을 손에 쥘 수 있었다고 생각합니다. 성공의 중요한 요소 중 하나는 아무리 경험이 많아도 기꺼이 가르침을 받으려는 자세였어요. 주위 사람들 덕을 톡톡히 볼 수 있었죠."

피터 웨스트브룩은 1976년부터 1996년까지 미국 올림픽 펜싱 대표팀으로 매번 발탁됐다. 그리고 미국 펜싱 사브르 챔피언을 13번 차지했다. 그렇게 오랫동안 성공기를 구가했던 비결에 대해 그는 다음과 같이 설명했다.

"저는 펜싱을 엄청나게 사랑했고, 그렇기 때문에 수십 년 동안 내 인생을 기꺼이 바칠 수 있었어요. 여섯 번이나 올림픽 경기에 참여하기 위해 정신적으로 중무장을 해야 했죠. 나약했다면 그렇게 할 수 없었을 거예요. 올림픽 경기에 출전하겠다는 꿈을 수천 명의 아이에게 나눠주고, 아이들의 애정에 보답하기 위해 올림픽에 출전하고 메달을 땄어요. 사회에 공헌하는 것도 빼놓을 수 없어요."

펜싱에 대한 애정, 강한 정신력 외에 피터 역시 매번 경기하기 전, 혹은 하는 중에도 꾸준하게 정신적, 육체적 루틴을 지켰다. 그의 목표는 마음과 감정을 현재에 집중하고 미래로 시선을 돌리지 않는 것이었다. "최적의 성과를 내기 위해 나를 엄청나게 훈련받은 로봇으로 그려보곤 했어요"라고 피터는 말한다.

나이를 극복하고 정상에 선 선수들

슈퍼스타 선수들은 장기적인 성공을 염두에 두고 자신의 커리어를 관리한다. 오랜 세월 정상에 있었던 강인한 선수들의 예를 들어보자.

- NBA에서 21년간 뛰었던 로버트 패리시는 올스타전에 아홉 번 출전했고 보스

턴 셀틱스 팀에서 세 번 챔피언십을 따냈으며 시카고 불스에서 한 번 챔피언십을 가져갔다.

- 20년간 NFL에서 선수 생활을 한 제리 라이스는 208개의 터치다운을 기록했다.
- 25년간 테니스 선수로 활약한 빌리 진 킹은 129개의 싱글 타이틀을 획득했고, 세계 1위 랭킹을 여섯 번 차지했다.
- 25년 동안 NHL 커리어를 유지한 마크 메시에는 스탠리 컵을 여섯 번 가져갔다.
- 27년간 MLB에서 뛰었던 놀란 라이언은 324번 경기에서 승리했고 일곱 번의 무안타 경기를 치렀다.

나이는 성공의 걸림돌이 될 수 없다. 마틴 브로듀어는 NHL 뉴저지 데블스 팀에서 정상 가도를 달리며 43세인 2015년까지 뛰었다. 리그에 몸담은 지 20년이 지났는데도 말이다! 수영 선수 다라 토레스는 12개의 올림픽 메달을 목에 걸었다. 41세에 베이징 올림픽에 참가한 것을 포함해서 총 다섯 번 올림픽 경기에 참여했다. 2013년 라이트헤비급 권투 선수 버나드 홉킨스는 48세라는 나이에 심판 만장일치로 세계 타이틀을 따내면서 가장 나이 많은 챔피언이라는 자신의 기록을 경신했다. 당시에 상대 선수는 17살 이상 어렸다.

샘 스니드는 52세에 1965년 PGA 투어 그레이터 그린스보로 오픈에서 우승한다.

사첼 페이지는 니그로 리그(인종 차별이 극심하던 1920년대에 미국

메이저리그에서 활약하지 못하던 흑인들을 중심으로 만들어진 리그)에서 선수 생활을 시작했고, 42세에 메이저리그에 입성하면서 가장 나이 많은 루키가 되었다. 그는 1965년에 59세의 나이로 메이저리그에서 공을 던지기 위해 돌아오기까지 했다. 사첼은 유명한 말을 인용했다. "나이는 마음먹기에 달려 있다. 신경 쓰지 않으면 중요하지 않다."

또한 인도 출신의 영국인 파우자 싱도 마음의 중요성을 잘 알고 있는 사람이다. 그는 100세에 토론토 워터프론트 마라톤을 여덟 시간 25분으로 완주했다.

올림픽 경기 역사상 최연장자 선수는 스웨덴 사격 선수 오스카 스완이다. 그는 1920년 앤트워프 올림픽에서 72세라는 나이에 은메달리스트가 되었다.

최고령 여성 금메달리스트는 영국의 양궁 선수 시빌 뉴월로, 1908년 런던 올림픽에서 금메달을 수상할 당시 그녀의 나이는 53세였다.

축구 선수 리오넬 메시부터 골프 선수 칩 벡까지, 가장 뛰어난 수준에서 오랫동안 버티며 활동하려면 신체 조건 이상으로 세세한 부분에 신경 쓰고 헌신해야 한다. 한결같은 집착, 시스템으로 이루어진 지원, 역경 앞에서 유연한 모습 등이 필요하다. 이때 역경에는 부상, 강등, 새로운 역할에 적응하는 것 등이 포함된다.

왜 운동하는지 그 이유를 명심하라. 다른 이들은 하지 않는 훈련을 오늘 당장 하라. 번아웃을 피하기 위해 휴식하고, 긴장을 풀고, 회복하라. 경기하는 모든 면면을 세심히 살펴서 더 나아질 방법을 찾기 위해 꾸준하게 관심을 기울여라. 이렇게 하고 난 뒤 스스로에게 질문을 던져라. "나는 닭인가 돼지인가? 무임승차를 하겠는가, 아니면 내 모든 것을 바치겠는가."

결국 승리는 당신의 몫이다

승리한다고 궁극의 상태가 되지는 않는다. 자신의 능력 깊은 곳에 닿고, 자신과의 싸움에서 최대한 멀리까지 가보는 것, 이것이 바로 궁극이다. 그렇게 하면 누구도 범접하지 못하는 위엄이 생기고 자부심도 느끼게 된다. 자신만의 개성과 자신감으로 어깨를 펴고 당당해질 수 있다.

– 빌리 밀스(올림픽 육상 금메달리스트)

우리는 능력을 키워 더 나은 자신이 되기를 욕망한다. 자신이 중요하게 여기고 남들과 경쟁하는 분야에서 성공하기를 원한다. 다른 사람의 재능과 비교해 내 재능을 시험하고, 나의 최선이 다른 사람의 최선보다 더 나았다는 것을 증명하고 싶어 한다. 그러나 유감스럽게도 최선을 다하지 못하는 경우는 너무나 흔하다. 욕망의 크기에 비해 노력의 크기가 작은 것이다.

사람의 몸에는 한계가 있지만, 마음에는 한계가 없다. 잠재력과 능력을 최고로 올리고, 한계를 넘어서겠다고 마음먹는 것은 신체가 아니라 마음이다. 운동선수라면 자신의 한계를 알아내기 위해 최선을 다하고 최고의 성적을 달성해야 한다.

"행운의 여신은 용감한 자를 돕는다"는 라틴어 속담이 있다. 이 책에 쓰인 챔피언의 규율을 따라 하면, 눈앞에 놓인 도전에 용감하게 맞설 용기를 갖게 된다. 이 책은 당신이 되고자 하는 존재가 될 수 있도록 당신을 준비시킨다.

챔피언은 금메달에 만족하지 않고, 좀 더 숙련되기 위해, 자신의 한계를 깨부수기 위해 끊임없이 노력한다. 훈련하고 경기할 때마다 사그라지지 않는 열정과 헌신을 바쳐라. 위대함을 만들어내라. "나는 최선을 다하긴 했지만, 그것은 어제까지만 충분했을 뿐이야" 혹은 "어제의 최선은 사라졌어. 오늘은 오늘의 최선을 다할 차례야"라고 생각하라.

농구 역사상 가장 위대한 감독 팻 라일리는 "챔피언은 승리하는 것 이상의 동기부여가 필요하다"라고 말했다. 스스로 더 완벽해지기 위해 노력하는 챔피언은 외부로 보이는 결과나 금전적 보상, 사회적 인정이 아니라 성취감과 만족을 얻기 위해 노력한다. 스포츠를 사랑하고, 자신의 한계를 알고 싶은 마음에 경쟁한다.

네 번의 올림픽에서 모두 금메달을 획득한 원반던지기 선수 알

오토는 이렇게 설명한다. "세상을 내 발아래 놓겠다고 작정한 적은 한 번도 없어요. 내 모든 힘을 다해 최선을 다하겠다고만 생각했죠." 온전히 자신이 되는 것만으로도 성공할 확률을 높이고 더 나은 사람이 될 수 있다. 당신이 무엇을 하건, 행복은 목적이 아니라 부산물이다. 이것을 얻고 싶다면, 중요하다고 생각하는 일에 끊임없이 관여하고 개선하려고 노력하라.

게임 종료를 알리는 호루라기가 울리거나 운동 연습이 끝나는 순간, 스스로에게 최선을 다했다고 자신 있게 말할 수 있다면 당신은 완벽한 경기를 해낸 것이다. 경기의 결과, 다른 사람들의 평가와 상관없이 말이다. 승리를 만끽할 수도 있고, 자신을 더욱 강하게 만들어줄 패배로부터 배울 수도 있다. 실망 또한 동기부여의 계기로 삼겠다고 명심하라. 그리고 바로 다음 경기에 눈을 돌려라.

자신의 모든 것을 쏟아부었다는 사실에 의심이 여지가 없다면, 더할 나위 없는 마음의 평화가 찾아온다. 결코 노력이 부족해서 지는 일이 일어나지 않도록 하라. 명심하라. 당신의 태도와 노력을 통제할 수 있는 사람은 바로 당신 자신뿐이다. 가장 뛰어난 상태의 당신, 즉 컨디션이 최상인 상태의 당신과 비교해가며 경쟁해야 한다. 점수가 어떻게 되든 당신의 팀이 시상대에 올라가든, 그런 것들은 중요하지 않다. 신체적 한계의 끝이 어디인지 발견하기 위해 최선을 다하는 것이 자신의 성공을 가늠할 수 있는 척도가 된다.

"수천 번의 전투에서 이기는 것보다 단 한 번 자신을 다스리는 것이 낫다"는 불교의 가르침이 있다. 그래야 승리가 온전히 당신의 것이 된다. 그 어느 것도 이를 당신으로부터 앗아갈 수 없다. 자신을 다스려야만 챔피언의 마인드를 가질 수 있다.

자기 회의와 부정적인 생각 때문에 자신이 원하는 대로 경기를 할 수 없다면 얼마나 애석한가! 집중력을 잃었거나 타성에 젖어 있다면 다시 자신을 다잡고, 경기에 몰입해서 챔피언이 되겠다는 마음을 먹어라. 잠시라도 불안하거나 지루하거나 부정적인 마음이 든다면, 그때를 마음을 다잡을 기회로 삼아라. 즉시 태도와 노력을 최고조로 재장전하라. 모든 것이 자신의 통제 아래 있으며 경기는 계속 진행 중이라는 것을 확인하라.

눈앞에 무엇이 놓여 있건 이 역시 더 뛰어날 수 있는 기회다. 그러니 힘차게 일어나 어떤 도전도 기꺼이 맞아들여라. 모든 걸 쏟아부어 경기하고, 인생을 더욱 풍요롭게 해줄 기회를 최대한 활용해라. 변화와 성공을 위해 노력할수록 챔피언의 마인드는 더욱 오래 당신 안에 머무른다.

최선의 나 자신을 찾아 향하는 챔피언의 여정은 말도 못하게 힘들지만 그럴 만한 가치가 있다. 경기장 안팎으로 높은 기준을 충족시키기를 자신에게 요구해야 한다. 매일매일 뛰어나기 위해 모든 에너지를 써야 한다. 지금 당장 눈앞에 놓인 것에 집중하겠다는 마음으로 경기에 임하라. 그 어떤 의심이나 회의가 들더라도 말이다.

인생에서 자신이 가장 원하는 것을 과감하게 좇아라. 시작할 용기가 있다면, 이를 스스로 마무리할 수 있는 용기도 있는 법이다. "항상 금메달을 생각하고 은메달에 안주하지 않겠다"라는 주문을 되뇌면서 매일 실행에 옮겨라. 숨은 잠재력을 최대한 펼쳐라. 당신의 인생은 하나뿐이다.

　이렇게 생각할 수 있다면, 당신은 이미 챔피언이 되어 승리를 거둔 셈이나 마찬가지다. 이제 당신은 챔피언의 서약을 할 준비가 되었다.

챔피언의 서약

강인한 몸과 정신을 만든다.

나의 결단력은 그 누구도 막을 수 없다.

목적과 열정을 가지고 온 힘을 다해 싸운다.

근육의 고통과 땀방울은 탁월해지기 위한 투자다.

최선을 다할 때 느끼는 즐거움을 온전히 누린다.

고통은 늘 따라오기 마련이므로, 견뎌낸다.

포기하지 않겠다고 다짐하면 결국 승리한다.

패배한다면, 이를 곱씹고 배움의 계기로 삼는다.

승리한다면, 영광스러운 순간을 겸허히 받아들인다.

내일에도 나의 이 모든 노력을 다시 시작한다.

옮긴이 **홍유숙**

연세대학교 경영학과를 졸업하였으며, 영국 옥스포드대학교에서 MBA를 공부했다. 재무, 투자에
관심이 많아 CFA를 취득했으며, FX 딜링, 국제금융, 프라이빗뱅킹, 펀드 상품개발 등의 업무를 담
당했다. 현재 번역에이전시 엔터스코리아에서 전문 번역가로 활동하고 있다. 주요 역서로는『워렌
버핏의 위대한 동업자』,『찰리 멍거』,『경쟁 우위 전략 지속가능한 사업을 창출하는 원리』,『당신의
행복은 해킹당했다』,『애자일 조직혁명 : 애자일을 조직에 적용하는 비결』등 다수가 있다.

챔피언의 마인드
: 결정적 순간에 차이를 만드는 힘

초판 | 1쇄 발행 2021년 7월 5일
초판 | 6쇄 발행 2024년 8월 19일

지은이 | 짐 아프레모
옮긴이 | 홍유숙

발행인 | 이봉주   단행본사업본부장 | 신동해
편집장 | 조한나   책임편집 | 이혜인
제작 | 정석훈   마케팅 | 최혜진 이인국
국제업무 | 김은정 김지민   홍보 | 반여진 허지호 송임선
교정 | 조유진   디자인 | 최우영

브랜드 | 갤리온
주소 | 경기도 파주시 회동길 20
문의전화 | 031-956-7208(편집) 031-956-7089(마케팅)
홈페이지 | www.wjbooks.co.kr
인스타그램 | www.instagram.com/woongjin_readers
페이스북 | https://www.facebook.com/woongjinreaders
블로그 | blog.naver.com/wj_booking
발행처 | ㈜웅진씽크빅 출판신고 | 1980년 3월 29일 제406-2007-000046호

ISBN 978-89-01-25176-9 03180